品のある人、品のない人

A PERSON WITH GOOD MANNERS

紙一重だけど決定的に違う些細なこと

中谷彰宏

AKIHIRO NAKATANI

ぱる出版

【この本は、３人のために書きました。】

①品のいい人になりたい人。

②品のいい人と、つきあいたい人。

③まわりの人の品を、よくしたい人。

品のいい人がいると、
まわりの人まで
品がよくなるでしょう。

中谷彰宏

あきひろ

No.

01

プロローグ

品があるとは、品がない自分に気づけることだ。

「あなたは今、品がないことをしていますよ」と他人は言ってくれません。

角《かど》が立つので、特に日本人は言えません。

たとえ言っても、「そんなことはありません。いつもはちゃんとしています。今日は特別です」と言いわけが始まります。

せっかく教えてあげているのに、「あの人は重箱の隅をほじくるような姑《しゅうとめ》さんみたいなことを言う」と言われたらめんどうくさいです。

何も言われないからといって、ちゃんとできているとは限りません。

品がある人は、自分で「今、ちょっと品がないことをしちゃったかな」と気づけます。

品がないことをしている時に、誰からも何も言われないこともあります。注意されないのは、大人の社会の中で、大人として扱われずに子どもとして甘やかされている状態です。

自分が甘やかされていることに気づけるのが、品のある人なのです。

ここが違う
品のいい人
01

大人に甘やかされていることに、気づける。

品のいい人 62

No.01
大人に甘やかされているときに、気づける。

No.02
人のことより、自分のことを恥ずかしがろう。

No.03
面倒なことを、丁寧にしよう。

No.04
遊びの時のきちんとした服装を持とう。

No.05
日常の動作を、品よくしよう。

No.06
自分の車体感覚を持とう。

No.07
遠い人にこそ、握手をしよう。

No.08
服より、姿勢を見よう。

No.09
手はテーブルの上に出そう。

No.10
相手の忙しさを察しよう。

No.11
覚えてもらう前に、覚えよう。

No.12
こわごわ触れない。

No.13
品のない人より、品のある人を見よう。

No.14
遊びの場でのマナーに気をつけよう。

No.15
急激につけたり、消したりしない。

No.16
昔の写真ばかり、見せない。

No.17
忙しそうに、しない。

No.18
汚れにくいからで服を選ばない。

No.19

めんどくさい手間を
かけよう。

No.20

サイズは、
ミリ単位で合わせよう。

No.21

ラクで、服を選ばない。

No.22

まずは服装を、
整えよう。

No.23

いつも見られている
意識を持とう。

No.24

品のいい人に
友達になってもらえる
ようにしよう。

No.25

安い店より、
なじみの店員さんの
いるお店で買おう。

No.26

厳しいことを
言ってくれる
「品の先生」を持とう。

No.27

レストランを
インテリアではなく、
人で選ぼう。

No.28

まわりではなく、
ワンランク上の人に
アドバイスを求めよう。

No.29

最低限のレベルを
上げよう。

No.30
そろそろつけすぎない。

No.31
まず、オーソドックスな着方を覚えよう。

No.32
ボタンをとめよう。

No.33
親のせいにしないで、自分で学ぼう。

No.34
品のある人の目線で、チェックしよう。

No.35
やせガマンしよう。

No.36
モノより、人を見よう。

No.37
物おじするような所に行って、冷や汗をかこう。

No.38
季節を先取りしよう。

No.39
汚れたモノは、クリーニングに出そう。

No.40
グチ・悪口・ウワサ話から、離れよう。

No.41

衝撃を、与えない。

No.42

隣にプロポーズを
するカップルが
いるつもりでいよう。

No.43

目の前の人を
ないがしろにしない。

No.44

イラっとしたら、
ダースベイダーの曲を
口ずさもう。

No.45

お尻が
てかっていることに、
気づこう。

No.46

傘を細く巻こう。

No.47

寒そうに、しない。

No.48

いつも、涼しげな顔を
している。

No.49

トイレのスリッパを
他の人の分まで、
そろえよう。

No.50

お部屋に通されたら、
お軸を拝見しよう。

No.51

あけっぱなし、
出しっぱなし、
脱ぎっぱなしにしない。

No.52
胸で挨拶をしよう。

No.53
「早くしろ」のアピールをしない。

No.54
食べている人のそばで、ほこりを立てない。

No.55
「歓迎されないお客さん」になっていることに、気づこう。

No.56
初めてのお店で、メニューにないものを頼まない。

No.57
席を探さない。

No.58
食べる時に、片方の手が下におりない。

No.59
目よりも、触角に敏感になろう。

No.60
不快を与えていることに、気づこう。

No.61
電車にギリギリ乗れた時に、立ちどまらない。

No.62
品よくすることで、まわりの人をいい人にしよう。

品のある人、品のない人
紙一重だけど決定的に違う些細なこと　もくじ

No. 01
プロローグ
品があるとは、品がない自分に気づけることだ。 004

No. 02
「恥ずかしい」と感じる感性がある。 024

No. 03
アンケートの住所・氏名欄を、丁寧に書く。 026

No. 04
カジュアルは「くだけた服」ではない。
遊びの時のきちんとした服装だ。 029

No.05
品のある人は、品のないようなことも、品のあるようにできる。
031

No.06
品とは、ぶつからないこと。行動のデブにならない。
033

No.07
離れた人には自分から歩み寄って、握手をする。
036

No.08
姿勢をよくしないと、服がきれいに見えない。
040

No.09
テーブルの上に、カバンを置かない。
043

No.10
「手があいたらでいいから」と言う人ほど、早くしてもらえる。
045

No. 11
スタッフを、名前で呼ぶ。 047

No. 12
相手に触れた手を、すぐに離さない。 050

No. 13
品のある人は、品のある人を見る。 052

No. 14
遊びの場でこそ、品の差が出る。 055

No. 15
音楽を、カットアウトではなく、フェードアウトできる。 057

No. 16
昔の自分がカッコ悪いと思ったら、進化している証拠。 059

No. 17
人前で、時計を見ない。 061

No. 18
汚れが目立ちやすい服を着る。 063

No. 19
「時間がないから」と言う人は、品をよくすることで、信用が生まれ、時間が生まれる。 066

No. 20
スマートであることより、ジャストサイズであることに品がある。 070

No. 21
サイズを合わせる時は、一番いい姿勢をする。 073

No. 22
服装をきちんとすることで、しぐさの品がよくなる。 075

No.23 レストランで、品のない人ほど、個室に入りたがる。 079
No.24 品のいい友達を持つ。 082
No.25 品のいい「なじみの店員さん」がいる。 085
No.26 品がないことを指摘してくれる人はいない。 087
No.27 お店を選ぶ時、品のいいお客様のいる店を選ぶ。 092
No.28 まわりにアドバイスを求めても、品のレベルアップはしない。 096
No.29 勝負服以外、持たない。 098

No. 30
目立たせるところは、1カ所。 101

No. 31
奇抜なデザインより、オーソドックスな基本のファッションを押さえている。 104

No. 32
とめる、締める、結ぶことで、品が生まれる。 108

No. 33
品とは、自己肯定を高めることだ。 111

No. 34
異性のためではなく、価値がわかる者同士のために、品よくする。 114

No. 35
品とは、面倒なムダを、やせガマンしてすることだ。 115

No. 36 宅配便の人に、優しい。 117
No. 37 物おじする場所に行く。 120
No. 38 季節を身にまとっている。 122
No. 39 クロゼットを、ギューギューにしない。 125
No. 40 レストランでのグチ・悪口・ウワサ話は、ケータイ・タバコより、迷惑。 127
No. 41 そっと置いて、そっと話す。 131
No. 42 飲み屋でケンカするのは、常連さんではない一見さん。 135

No. 43 食卓で、スマホを出さない。 138
No. 44 オーダーの間違いに、ムッとしない。 140
No. 45 ズボンに折目がついている。 143
No. 46 傘の値打ちは、値段よりも、巻き方で差がつく。 147
No. 47 寒い時ほど、背中を丸めない。 150
No. 48 暑いときほど、きちんとネクタイを締めている。 152
No. 49 大浴場から上がる時は、椅子と桶をそろえる。 153

No. 50 掛軸を拝見する時は、座って。 158
No. 51 「ぱなし」にしないことから、品が出る。 162
No. 52 相手の挨拶を、正対して受ける。 166
No. 53 降車中のタクシーに、クラクションを鳴らさない。 168
No. 54 お店の中で、コートを着ない。 171
No. 55 品をよくしないと、いいサービスを受けることはできない。 175
No. 56 品のある人は、常連ぶらない。 179

No. 57
座るより、立つ。立つより、歩く。 181

No. 58
両手は、テーブルの上に出している。 184

No. 59
服を買う時は、鏡を見る前に、着心地を身体で確かめる。 188

No. 60
品とは、相手が目で見て、心地いい状態だ。 193

No. 61
品とは、うしろに目を持つことだ。 197

No. 62
エピローグ
「椅子を倒していいですか」のひと言で旅が楽しくなる。 199

Dignity is a slight difference.
紙一重だけど決定的に違う
些細なこと

品のある人、品のない人

No.
02
「恥ずかしい」と感じる感性がある。

「最近、何か恥ずかしいことをしたことのある人」と聞くと、失敗で恥ずかしいことをした人はたくさんいます。

品がないことは、失敗ではありません。

品のない人は、品がないことをしても「自分は正しいことをしている」と思っています。

失敗は誰でも恥ずかしいものです。

失敗ではないことに「今、自分は恥ずかしいことをしてしまった」と気づけることが「恥ずかしがり力」です。

恥ずかしがり力のある人が、品のある人なのです。

品をよくする方法は、恥をかいていくことです。

しかも、自分が恥をかいたことに気づけることです。

まわりの人ではなく、自分自身がやっていることに対して恥ずかしいと気づける人が品のある人です。


「あの人、恥ずかしいことをやっている」と言う人は、自分自身のことがおろそかになっています。

まわりの人のことより、自分自身がいかに小さな恥ずかしいことをしたか気づくことが大切なのです。

ここが違う
品のいい人
No.02

人のことより、自分のことを恥ずかしがろう。

No. 03 アンケートの住所・氏名欄を、丁寧に書く。

品がないことの怖さは、自分自身は品があるのかないのか気づかないところです。

たとえば、ある講演会で100人にアンケートを書いてもらいます。

回収したアンケートを見ると、「この人は品があるな」「この人は品がないな」とすぐわかります。

アンケートを書く側にとっては1回のことでも、書いてもらう側にとっては100回、1000回という中での比較ができるのです。

会ったことのない人でも、住所・氏名・職業・年齢の丁寧な書き方を見るだけで、その人の品のよさがわかります。

そういう人のアンケートは一生懸命読もうという気持ちになります。

住所・氏名・職業・年齢の書き方でアンケートの読まれ方は変わるのです。

せっかく書いたアンケートの中身がよくても、住所・氏名欄の書き方が雑で品がない人は損をしてしまうのです。

一方で、アンケートの中身はよくなくても、住所・氏名が丁寧に書いてあると「きっとこの人はちゃんとした人だな」と判断してもらえます。

仕事でプレゼンをする時でも、それほど斬新な企画でなくても、その人に品があると「なんかよさそうなんじゃないかな」という目で見てもらえます。

「いや、中身だけ見てくれ」と言っても、「品」という包み紙における効果は大きいのです。

ここで損をする人と得をする人とに分かれます。

もちろん、中身がいいことは重要です。

名前・住所・年齢がきちんと書かれていて、なおかつ中身がいいと「この人は素晴らしい人だ」という印象になるのです。

書く側からすると、「アンケートで意見を述べていれば、住所・氏名まできちんと書く必要はないだろう」と思いがちです。

何か景品が当たるなら、すべての項目をきちんと書こうとする人は増えます。

見返りが何もない時に、どれだけきちんとできているかで品の差が出るのです。

たとえば、アンケートにクレームを書きました。

まっとうなクレームでも怒ったような雑な書き方になっていると、本人の気づかないうちに「このクレームはちゃんとした人じゃないからいいかな」という扱いを受けてしまいます。

全員が雑なアンケートの書き方をしているなら、差は生まれません。

実際は、丁寧に書いている人と雑に書いている人とに分かれます。

後日送るはがきやお芝居を見終わったあとのアンケートで、一番差がつくのは、本文の中身よりも住所・氏名・年齢の書き方なのです。

ここが違う 品のいい人 No.03

面倒なことを、丁寧にしよう。

No.

04

カジュアルは「くだけた服」ではない。遊びの時のきちんとした服装だ。

「フォーマルは品がよく、カジュアルは品がない」というわけではありません。品のない人も、フォーマルはきちんとしています。

一番差がつくのは、カジュアルです。

フォーマル・イコール・きちんとした服、カジュアル・イコール・くだけた服という思い込みは間違いです。

「フォーマル」は、仕事の時のきちんとした服です。
「カジュアル」は、遊びの時のきちんとした服です。
ポロシャツは、イギリス貴族がポロをする時に着るための服です。
テニスウエアも、イギリス貴族がテニスをする時に着る服です。
きちんとした服を崩したのがカジュアルではないのです。

ほとんどの人は、きちんとした服を持っています。

仕事の休みの日、遊びの時、週末になると、いきなりだらけた服やくだけた服になってしまいがちです。

ドレスコードが「カジュアルで」と書かれていると、急にだらしない格好《かっこう》で来てしまう人がいます。

それは「カジュアル」という言葉の定義を間違えているのです。

差がつくのはフォーマルの時よりもカジュアルの時です。

休みの時、家にいる時、遊びに行く時、仲間と趣味で出かける時、ディズニーランドに行く時に着るきちんとした服をどれだけ持っているかで、品のある人とない人とに分かれるのです。

ここが違う
品のいい人
No.04

遊びの時のきちんとした服装を持とう。

No.
05

品のある人は、品のないようなことも、品のあるようにできる。

よく「品のある行為」と「品のない行為」という言い方をします。

品のある人は、品のあることだけをしているのではありません。

紳士の定義は、「紳士とは紳士的でないことを紳士的にできる人」です。

品のある人は、品のないことも品のあるようにできる人です。

「自動販売機の小銭をとる時の姿は情けないじゃないですか。品のある人間になるためには、あの小銭をとっちゃいけないんですか」と聞かれました。

そもそも小銭をとるのはカッコいいことではありません。

その**カッコよくないことを、どれだけカッコよくできるかが問題です。**

多くの人が非日常の晴れのセレモニーの時は、品よくするように頑張ります。

非日常では気を張っているのでそれほど差がつきません。
それよりは、**日常の誰にも見られていない、気を張らなくていいようなところで、どれだけ品よくできるかで差がつくのです。**

あらゆる動作の中に品よくできる行為があります。
自動販売機のおつりをとるという行為ですら、品のある行為があるのです。

ここが違う
品のいい人
No.05

日常の動作を、品よくしよう。

No. 06

品とは、ぶつからないこと。行動のデブにならない。

「品」とは、一言で言うと「ぶつからないこと」です。

体が太ってくると、自分がデブだということに気づきます。
ところが、行動のデブであることに気づいていない人が多いのです。

たとえば、エスカレーターは、片側は歩いて上っていく人、片側は立ったまま乗っていく人に分かれます。

電車に早く乗りたくて急いでいる人は、駅のエスカレーターを歩いて上ります。
その時、立っている側で歩いて上る人をとめている人がいます。
2人並んで立っているわけではないですが、カバンがはみ出ているのです。
本人は、自分の体がどれだけはみ出ているか気づいていません。
これは「ぶつかっている」という現象です。

体に直接触れなくても、相手から心地いい空間よりも中に入るとそれは当たっているのと同じ状態です。

車にたとえるなら、自分自身の車体感覚を持てばいいのです。

よくお母さんが子どもに「ほら、おじちゃんに靴が当たっているよ」と注意することがあります。

子どもは車体感覚がないので、自分の靴がおじさんに当たっていても気づきません。

大人になっても車体感覚のない人がいるのです。

たとえば、リクライニングシートを倒す時に声をかけるのは、うしろの人の空間に当たるからです。

今のリクライニングシートは、うしろの空間への影響が少ないようによくできています。

それでもトレーにペットボトルやアイスコーヒーを置いている時に、急にシートを倒されるとこぼれそうになったりします。

相手の空間に踏み込んでいくことは、相手にぶつかっていくことです。

品のない人は、体のセンサーが麻痺《まひ》しています。

自分がぶつかって相手に対して衝撃を与えていても、自分自身は鈍感になっているので気づきません。

品をよくするには、ぶつからないことです。

ぶつからないためには、相手が体で感じるセンサーよりも自分のセンサーの精度を上げておく必要があります。

相手はまったく気にしていないことでも、「今自分はちょっとぶつかったんじゃないかな」と気づけることが大切なのです。

ここが違う 品のいい人 No.06

自分の車体感覚を持とう。

No.
07
離れた人には自分から歩み寄って、握手をする。

マナーの1つとして、お辞儀の角度を教わることがあります。

品はお辞儀の角度の問題ではありません。

たとえば、レストランで知合いと出会って「○○さん」と声をかけられました。

その時に、「あっ」と言ってそのまま座っている人と、立ち上がって「こんにちは」と挨拶に行ける人とで、くっきり分かれます。

自分のところに向かってくる知合いをその場で待っていても悪くはないのです。


品においては、上下関係はありません。

たとえば、サラリーマンの社会は組織の中で常に上下関係があるので、フラットな関係でどうしていいかがわからなくなることがあります。

これが、品がなくなるということです。

相手が上司なら自分は立ち上がるけれども、友達や知合いと出会った時はさっと立ち上がって向こうへ行くことができないという人がいます。

究極は、自分のほうが立場が上であっても、自分が立ち上がって相手に歩み寄って握手や挨拶をします。

「あ、こんにちは」と気づいた瞬間に相手に寄っていくことで、その人の感じのよさが出ます。

手前に来た人に対して握手や挨拶をするのではなく、遠くにいる人に握手をしに行けることが大切なのです。

私が大好きなヒュー・ジャックマンが来日した時、日本のバラエティー番組に出ました。

ヒュー・ジャックマンといえば、『レ・ミゼラブル』や『ウルヴァリン』などの作品があり、宣伝は断ってもいいくらいの名優です。

主演男優だからと気取っていても不思議ではありません。

それなのに、番組の終わりにメインのＭＣの人たちに握手するだけでなく、離れた席にいるコメンテーターにまで歩み寄って「サンキュー」と握手をして帰りました。

これがアメリカのハリウッドスターです。

ただ二枚目で、歌や演技がうまいだけではハリウッドの厳しい競争社会では生き残れません。

ハリウッドスターはお高くとまっているというイメージは間違いです。

感じのよさがあります。

それが品のよさにつながるのです。

何か1個要素があればいいということではありません。

「あの人は二枚目だから品がいい」「美人だから品がいい」と思われるわけではないのです。

二枚目や美人が品の悪いことをすると、「あの人は二枚目だと思って鼻にかけている」「美人だと思ってお高くとまっている」と思われて、一気に感じの悪い人になってしまう危険性があります。

そういうことに、ハリウッドスターの人たちは常に気を使っています。

メジャーリーグやサッカーのスターでも、みんな感じがいいです。

その感じよさは品のよさにもなっています。

どんなにスタープレーヤーでも、品が悪いことをすると、ファンは一気にそこで冷めてしまいます。

たとえば、スカウトマンがAさんとBさんの2人の選手に目をつけました。

2人の能力が拮抗している場合は、品のいい選手を選びます。

そのほうがチームのファンが増え、観客動員数が増え、チームのブランド価値が上がるからです。

能力ではなく、品のよさで人気、不人気の差が出るのです。

ここが違う 品のいい人 No.07

遠い人にこそ、握手をしよう。

No. 08

姿勢をよくしないと、服がきれいに見えない。

今は「モデル」という肩書がインフレ化しています。

昔は、モデルは少数でした。

昔のモデルは、今増えてしまったモデルを「自称モデル」と呼んでいます。

ベテランのモデルは、

「**姿勢の悪いモデルは本来ありえない。**姿勢が悪くてモデルと言っている人があまりにも多い」

「自分はモデルという職業に誇りを持っている。あの人たちも同じようにモデルと言われては心外だ。モデルとしてのプライドを持ってほしい」

と怒っています。

モデルの仕事は、服をきれいに見せることです。

決してタレントではありません。

服をきれいに見せるためには、姿勢をよくすればいいのです。

どんなにデザイナーがオシャレにデザインをしても、姿勢が悪いとその服はオシャレに見えません。

お店で見た時は感じがいいと思った服も、家に帰って着てみると感じが違うことがあります。

それは姿勢の違いです。

お店ではマネキンが服を着ています。

姿勢の悪いマネキンはいません。

姿勢が悪いと服がダサく見えるので、デザイナーにとってはマイナスの宣伝になります。

モデルではない普通の洋服を買う側の人には、「今度のデザイン、いまいちよくないね」と言われます。

モデルは、デザイナーに「この人に着てもらえてよかった」と思われるような着方をする必要があります。

服をきれいに見せるためには姿勢をよくすることです。

姿勢が悪い人ほど、高級ブランドを着ることで「私、オシャレでしょう」と見せようとします。

姿勢のよさは、品のよさにつながります。

姿勢のいい人は、たとえTシャツを着ていてもカッコよくて品があるのです。

ここが違う 品のいい人 No.08

服より、姿勢を見よう。

No. 09

テーブルの上に、カバンを置かない。

テーブルは、日本人の社会にまだなじんでいません。
日本は畳の社会なので、机・テーブルの歴史が浅いです。
机の上と下の境目の空間の処理が、できていないのです。

たとえば、机の上や食卓にスマホを置いたり、カバンを置く人がいます。
本来、カバンは道に置くものなので靴と同じ扱いをします。
一方、手は机の下にいきがちです。
狩猟民族は、手を相手に見せておかないと武器を持っていると間違えられます。
武器を持っていないあかしとして手を前に出すのです。

机には、

①本来机の上に置くべきでないものを、机の上に置いてはいけない
②見せなければいけないものを、机の下に隠してはいけない

という2つの約束があります。

品よく見せるためには、常に手を机の上に出しておきます。

姿勢が悪くなると、必ず手が下に落ちてしまいます。

相手に手が見えているのが一番品のいい状態なのです。

ここが違う 品のいい人 No.09

手はテーブルの上に出そう。

No. 10
「手があいたらでいいから」と言う人ほど、早くしてもらえる。

お店の人にものを頼む時に、品のある人と品のない人に分かれます。

「品がある」というのは、気くばりができることです。

時々「それ今頼むんですか」というタイミングで頼む人がいます。

私はサービスの研修をしているので、サービスサイドからもお客様を見ます。

感じのいいお客様は、サービスマンが忙しくしていると、「今ここで言ってもできない」とわかってくれます。

たとえば、ウエイターがトレーにお皿を大量に載せて両手がふさがっている時に、「すみません、チェック」とカードを渡すお客様がいます。

両手がふさがっている時に、モノを渡そうとするのはおかしいです。

飛行機でも、キャビンアテンダントさんがドリンクの作業をやっている時に「すみませんん、ブランケットありますか」と頼むのは間《ま》が悪いです。

これはサービスマンの忙しさを理解できていないからです。

どうしても頼まなければいけないことがあった時に、「手があいた時でいいですから」と言える人と言えない人とでは品の差が出ます。

品のない人は、相手が忙しいにもかかわらず「私はお金を払っているお客なんだから大至急してね」と言います。

結果、そういう人はあとまわしにされてしまいます。

機械がやっているのではなく人間の気持ちが左右することです。

AさんとBさんに対して同じ作業をする時は、「手があいた時でいいですから」と言い添える人のほうが優先されます。

自分が「大至急」と言えば優先されると思うのは勘違いです。

仕事のメールでも、「大至急」の好きな人がいます。「大至急」と書く人は、実はあとまわしにされているということに気がついていないのです。

ここが違う 品のいい人 No.10

相手の忙しさを察しよう。

No.

11

スタッフを、名前で呼ぶ。

品のない人は、ＶＩＰ扱いされるのが好きです。

常連扱いを望んで、自分の名前を覚えてもらおうとします。


セミナーのあとに、サイン・握手・写真撮影をします。

サインは、時間がある限り名前と日付も入れて書きます。

その時に、品のある人は必ず名前を言ってくれるので覚えます。

名刺を出してくれたり、メモ書きに名前を書いてくれる人は感じがいいので、何か一言書き添えてあげたいと思います。


その一方で、「名前を入れてください」と言って名乗らない人もいます。

「すみません、お名前は？」と聞くと、「この間も来たんですけど、覚えていないんですか」と言われます。

こちらが「ごめんなさい」と謝らなければならない状況になるのです。

セミナーに1回来ただけの人は覚えられません。

そういう人は常に名乗らないで、自分の名前を覚えているかどうかテストをしに来ている感じです。

そうなると、よけいに覚えてあげようという気持ちにはなりません。

たとえ覚えても、マイナスの印象が残るだけです。

お店に行った時は、スタッフに名前を覚えてもらう前に、まず自分がスタッフの名前を覚えることです。

スタッフを名前で呼ぶことができるのが、品のある人の行動です。

名前を覚えてもらうコツは簡単です。

相手の名前を先に覚えればいいのです。

相手の名前を覚えていないのに自分を覚えてもらおうとする人はキャバクラによく

います。

女性の名前は1つも覚えていないのに、「僕のこと覚えてる?」と聞くのです。

自分の名前を覚えてくれたかどうかテストしないことです。

相手の名前を覚えない限り、自分の名前は覚えてもらえないのです。

ここが違う 品のいい人 No.11

覚えてもらう前に、覚えよう。

No. 12

相手に触れた手を、すぐに離さない。

「ボディータッチをしたほうが、相手に好感が持たれる」と、よく本に書いてあります。

そのボディータッチの仕方によって、品のある人と品のない人に分かれます。

ボディータッチをしたら「セクハラだ」と言われるのは、品のないさわり方をしているということです。

品のある人は、相手に図らずも手が触れてしまった時に、その手をさっとひっこめません。

コンビニでは、「相手に手を添えるように両手でおつりを渡す」というマニュアルになっていることがあります。

相手に手を添えることが大切なのではありません。

添えた手をすぐに離すと、相手に対して嫌悪感を抱いている感覚になってしまいま

相手に触れたものをあわてて引いたり、相手より先に自分が引かないことです。

謙虚な人が品があるとは限りません。

謙虚な人は、相手に恐る恐る触れてしまいます。

これは痴漢のさわり方になって、相手からするとよけい気持ち悪い状態になります。

マッサージをしてもらって気持ち悪くないのは、お店だからという理由だけではありません。

マッサージの人は思いきってガツッとさわるから気持ち悪くないのです。

一番気持ち悪いのは、恐る恐る触れるか触れないかという痴漢のさわり方です。

そうすると、「品のない人だ」という印象になります。

平気でバンとさわるか、恐る恐るさわるかで、品のある人と品のない人とに分かれるのです。

ここが違う
品のいい人
No.12

こわごわ触れない。

す。

No. 13 品のある人は、品のある人を見る。

不思議なことに、品のある人と品のない人の両方を見ている人はいません。

品のある人は品のある人を見て、品のない人は品のない人を見ます。

たとえば、「今日、お店で品のない人がいたんですよ。最近、品のない人が多くないですか」と話している人がいました。

この人は、自分の目線が品のない人に向かっているということです。

今も昔も、世の中には品のある人も品のない人もいて、その量はまったく変わりません。

「最近、品のない人が多くて困っちゃう」と言う人は、「自分は違うけど」と思っていますが、実は大間違いです。

「品のない人が多い」と感じている人は、自分自身が品のない人だということです。

「最近、品のある人が多い」と思っている人は、自分自身が品のある人だということです。


脳の前頭葉には、３つ目の目があります。

その目によるミラー効果で、知らず知らずのうちに相手をマネしていくのです。

品のある人は品のある人を見て、もっと品がよくなります。

品のない人は品のない人を見て、それがそのまま脳で勝手にコピーされます。

「これから品のある人になりたい」と思えば、誰でもなれるのです。

品がよくなるためには、意識と知識とを持つ必要があります。

まず「品のある人を見ていこう」「今日、ここに行ったら品のある人は誰かいないか」と、品のある人を探します。

お店に行ってもどこに行っても、街を歩いていれば、品のある人は必ずいます。

「あの人は品があるな。どこに品があるんだろうな」と観察をします。

そうすると、防犯カメラで撮影したりボイスレコーダーで録音するように、脳は恐るべき記憶容量ですべて記憶するので、自分にコピーできます。

何をふだん見ているかで、その人の姿勢や品のよさが出てくるようになるのです。

私は、お店に行って「姿勢の悪い人がいるな」と思うと、見ないように気をつけています。

見ると、姿勢の悪さがうつって腰が痛くなったりするからです。

そうならないように、「この人は姿勢がいいな」と思う人を見るようにしているのです。

ここが違う 品のいい人 No.13

品のない人より、品のある人を見よう。

No. 14 遊びの場でこそ、品の差が出る。

お得意先や上司、好きな人の前では、誰もが品よくしようとします。
品の差が一番つくのは、遊びの場です。
遊びだからルールがない、マナーがないということではありません。
子どもの時にたくさん遊んでいる人は、品を覚えます。
遊びには必ずルールがあるからです。

私が子どもの時には野球が流行っていました。
ところが、1チームに必要な9人がそろうことはありません。
相手チームも9人はそろいません。
3人対3人で野球をやることもあります。
そうすると、透明人間のルール、小さい子がまじっている時はごまめのルールというローカルルールや特別ルールがたくさんありました。

ゴルフよりも厳密なルールの中で遊びを楽しめるわけです。

ルールをめちゃくちゃにすると、遊びは面白くなくなります。

子どもたちが遊ぶ時は必ずルールを覚えます。


ルールは文字化できることです。

文字化できないルールがマナーです。

文字化できるルールと文字化できないマナーのどちらも知っている人が、品のある人です。

「そもそも遊びなんかにマナーもルールもないでしょう」と思い込んでいるのは、品のない人です。

そういう人は、品のある遊び場にまぜてもらえなくなるのです。

ここが違う
品のいい人
No.14

遊びの場でのマナーに気をつけよう。

No. 15 音楽を、カットアウトではなく、フェードアウトできる。

講演では、休み時間に会場にＢＧＭを流しています。

授業が始まる時に「授業を始めよう。ＢＧＭを止めてください」とお願いすると、切り方に個人差が出ます。

品のない人は、パチンと切ります。

品のある人は、ボリュームを絞って切ります。

音楽は急激に切れるとショックを受けます。

これから曲が盛り上がる途中で切れるのも感じが悪いです。

カラオケでも同じです。

音楽がフェードアウトで切れるのは衝撃がありません。

時々、音量の大きいところで「プツンッ」とカットアウトする人がいます。

その人は音楽にあまり興味がなく、聴覚的なセンシティブさ、デリケートさを持っていないということです。

音楽は空気中に流れているものです。

その音楽を突然切るということは、ぶつかっていくのと同じぐらいの衝撃を与えるので、みんながびっくりします。

何か急に音を鳴らすのもびっくりしますが、今流れている音楽が急に切れるのも人間を不安にさせます。

音に関しては、急激につけたり消したりしないで、フェードアウトすればいいのです。

さらにできれば、「ここだとちょうど歌のフレーズが終わったから消せる」というところでフェードアウトするほうがいいです。

それは何分もの差ではありません。**1秒、2秒の心づかいで急激さはなくなり、なだらかにソフトランディングできるようになるのです。**

ここが違う
品のいい人
No.15

急激につけたり、消したりしない。

No. 16
昔の自分がカッコ悪いと思ったら、進化している証拠。

品のある人は、常に成長しています。

昨日より今日、今日より明日と、どんどん成長します。

昨日を振り返ると「あれ、恥ずかしいことしたな」というのがわかります。

少し前の写真を見ると

「うわ、この服の着こなしは品がないな」

「この姿勢は品がないな」

「この立ち居ふるまいは品がないな」

と、恥ずかしくてしようがない状態になります。

品のない人は、「ホームページに掲載するので何か写真を出してください」と言うと、大昔の若かった時の写真を出します。

これは女性に多いです。

その人は、今下り坂に入っているということです。

昔の写真が自分のベストで、最近の写真は「歳とってるから」と出せません。

若く見えるか老けて見えるかより、品があるかないかということのほうが、まわりの人たちが受ける印象は強いのです。

「去年の写真が恥ずかしい」「1カ月前の写真が恥ずかしい」という期間が短ければ短いほど、その人の品がよくなっていくスピードは速いのです。

ここが違う
品のいい人
No.16

昔の写真ばかり、見せない。

No.
17
人前で、時計を見ない。

「人前で時計を見る行為が、品のないことだ」と気づいていない人が多いです。

品のない人は、相手に対して自分が忙しいということをアピールしようとします。

本当に忙しい人は、「忙しい、忙しい」と言って遅れたり、先に抜けたり、相手をあおったりしません。

ヒマであることがバレないために、忙しいほうがカッコいいに違いないと思っている人のほうが、品なくせかせかと人前で時計を見ます。

人前で時計を見ることは恥ずかしい行為であることに気づく必要があります。

品のある人は、目の前にいる人を大切にします。

時計を見るということは、「そろそろ帰ってください」と、目の前の相手をないがしろにする行為です。

モテる男性は、女性の前で時計を見たりはしないのです。

ここが違う品のいい人 No.17

忙しそうに、しない。

No. 18

汚れが目立ちやすい服を着る。

品のある人は、汚れやすい服を着ています。

ブティックでは白が必ず売れ残ります。

白は汚れが目立つからです。


黒やグレーのほうが先に売れます。

汚れが目立ちにくいからです。

黒やグレーを買っていると、結局その人の立ち居ふるまいが雑になり、汚れてもいい状態になります。


汚れが目立つ服を着ているほうが、その人の品はよくなるのです。

コック服が白なのは、汚れが目立つようにするためです。

それなのに、ドロドロに汚れたコック服を着ている人がいます。

どんなにおいしいレストランでも、コック服が汚れていると、そのお店の料理はおいしく感じません。

「料理はちゃんとつくっています」と言っても、コック服が汚れているということは、すべてのことがきちんとできていない印象になります。

汚れが目立ちやすい服を着ていたり、プラスチックよりガラス製で壊れやすいものを扱っている人のほうが、立ち居ふるまいがオシャレです。

書道の先生が白いシャツを着ていると、カッコよく、品よく見えます。

本来、画家や書道家は絵具や墨がつく危険性があるので、汚れてもいいものを着ます。

特に、墨はシャツについたらとれにくいものです。

貴族が白い服を着るのも、汚れが目立つからです。

「毎日清潔なものを着ています」ということをアピールするためです。

柄のシャツはアメリカが生み出したものです。
貴族は白いシャツしか着ません。
柄のシャツを着ていると、「アメリカの方ですね」と、イギリス人は判断するのです。

ここが違う品のいい人 No.18

汚れにくいからで服を選ばない。

No.
19
「時間がないから」と言う人は、品をよくすることで、信用が生まれ、時間が生まれる。

品よくしようと思うと、手間がかかってめんどくさいことをしなければならないことがあります。

その時、「自分は忙しくてそんなことをやっているヒマがない」「そんなめんどくさいこと、やってられないですよ」と言う人がいます。

中には、ネクタイを締める時間を省略したいからとノーネクタイにする人がいます。

「Tシャツにネクタイの絵が描いてあればいいじゃないですか」「シャツにホックでかけられるネクタイがあればいいじゃないですか」と考える人もいます。

これが品のない人の物事の考え方です。

品がいいということは、その人の信用を生むということです。

たとえば、私が習っている花岡浩司先生のダンススクールでは、蝶ネクタイはセルフタイで、自分で結べるものをするというルールになっています。

ホックでかけるナンチャッテ蝶ネクタイもあります。

先生がそういう方針にしているのは、競技会にホックでかける蝶ネクタイをしているグループは1回戦で敗退するからです。

うまい人たちは、みんな蝶ネクタイを結んでいます。

そこで差が出るのです。

究極は、マジックテープで張ってもいいわけです。

あらゆるファッションは、最初は貴族がやっているものがどんどん庶民化していく過程で「めんどくさいから」と簡素になっています。

着物ほど着るのに手間がかかるものはありません。

それがどんどん簡素化されると、マジックテープで着られるものになっていくわけです。

着物をちゃんと着ているように見せるという形です。

品をよくすると、「そのめんどくさいことをやっているということは、この人はちゃんとした人である」という信用が生まれます。

生まれた信用からは、時間が生まれます。

たとえば、待合わせをする時に、信用のある人はクッションなく時間を言ってもらえます。

「あの人、よく遅れるんだよ」と信用のない人は、待合わせ時間よりも早目の時間を設定されます。

締切を守れない人は、「あの人はいつも遅れるよ」という信用のなさで、締切を前倒しにされます。

遅れると、あとの作業に迷惑がかかるので、クッションを設けられるのです。

信用を落とすことは、自分自身の時間を失っているということに気づくことです。

品よくすることは一見手間がかかりますが、トータルで見ると信用が生まれ、時間も生み出されることになるのです。

この知識があれば、めんどくさいことをやっているようでも、実は余裕が生まれるということがわかります。

品は、余裕の中にあります。

品のない人は余裕がなくなるので、ますます品が悪くなるという負のスパイラルに入ってしまうのです。

ここが違う
品のいい人
No. 19

めんどくさい手間をかけよう。

No. 20 スマートであることより、ジャストサイズであることに品がある。

品のない人は、スマートさにこだわります。

品のある人は、ジャストサイズにこだわります。

品のない人は、スタイルに自信がないとスマートに見せるためにダブダブの服を着ようとします。

お店の人もダブダブの服を勧めます。

品のある人は、たとえ太っていてもジャストサイズを着ます。

ジャストサイズであることに品が生まれるのです。

お店の人は、ジャストサイズの服を持ってきてくれません。

ある人に「これ、ちょっとサイズ大きいよ」と教えてあげると、「いや、これはお店の人が選んでくれたんです」とその人は言いました。

お店の人は、2サイズ上の服を持ってきます。

これはお店のマニュアルです。

「着心地がいい」というのは、きつくないということです。

2サイズ上の服は緩いので、「この服はラクに着られるいいつくりをしているな」と勘違いをしてしまいます。

お店は、クレームを言われたくないし、返品をされたくないのです。

ジャストサイズを持っていって万が一破れた日には、返品でめんどくさいことになります。

お客様が言わない限りは、ジャストサイズを出しません。

サイズが緩すぎて返品されることはないからです。

2サイズ大きい服を着て買物に行くと、「今着ていらっしゃる服と同じようなものを持っていけばいいな」と判断されます。

お店の人は「ジャストサイズではなく大きすぎる服を着ている」と気づいています。

自分がジャストサイズでないものを着ていることに気づかないのは、身体感覚が麻痺しているということです。

ここが違う
品のいい人
No.20

サイズは、ミリ単位で合わせよう。

品よくするためには、服のサイズはミリ単位で合わせます。

それがオーダーメイドという形になるのです。

フリーサイズやアバウトなサイズの分け方の服を着ていると、本当はどのサイズが合っているのかわからなくなります。

人から言われたサイズが合っているような気がしても、ほとんどの人が2サイズ大きいダボダボの服を着ています。

幅の広いものが流行する時もあれば、幅の狭いものが流行する時もあります。

ジャストサイズでない服だけは、流行することがないのです。

No. 21 サイズを合わせる時は、一番いい姿勢をする。

服のサイズが合っていない人からは、品のよさが見えてきません。

たとえば、制服を着る仕事があります。

その人に信用度が生まれるのは、ユニフォームをきちんと着こなしている時です。サイズが体にピッタリ合っていて、ユニフォームがその人になじんでいるということです。

サイズが合わないと、ユニフォームの中で体が遊んでしまいます。

そのため、ユニフォームにその人自体がついていっていない半人前のイメージを与えます。

「お店ではジャストだったんですけど」と言う人に、私が目の前で姿勢を直してあげて「ほら、こんなに余ってるけど」と言うと、「あれ、なんでだろう」となることがあります。

お店で服を試着する時に悪い姿勢をすると、大きめの服しか入らなくなります。**姿勢がよくなると、ウエストは細くなり、ひとまわり細いサイズの服が着られるようになります。**

男性の場合、ベルトを締める時に差が出ます。

ほとんどの人が穴２つ分だけ緩いベルトをしています。

姿勢を直してあげると、ベルトの穴が足りなくなります。

自分が思っているよりウエストはもっと細いのです。

試着する時は、姿勢をよくします。

服を選ぶ時は、「これ、ラクだから」という理由で選ばないことが大切なのです。

ここが違う 品のいい人 No.21

ラクで、服を選ばない。

No. 22 服装をきちんとすることで、しぐさの品がよくなる。

姿勢は服から直されます。

燕尾服《えんびふく》を着ると悪い姿勢をとることができません。

燕尾服から姿勢を直されるのです。

服装をきちんとすることによって、その人のしぐさが変わります。

学校で「マナーの乱れは服装の乱れから」と標語で書かれているように、まずは服装を変えるのです。

私は中谷塾に来る人たちに対して、服装をまず直します。

服装を変えると、「姿勢が変わる」→「しぐさが変わる」→「意識が変わる」→勉強する姿勢が生まれます。

どんなに画期的な知識を与えたり、意識を変えたいと思っても、本人の姿勢が悪いと何も吸収されません。

たとえば、ビジネススクールで教えていると頬づえをついて聞いている人がいました。

頬づえをついている人は、何も学べません。

頸動脈の血液を圧迫して脳に新鮮な栄養と酸素が行かないので、頭がまわらないのです。

そうすると、いいことを教えても「でも……」と言います。

頬づえをついている人の口グセは、「でも」「とはいうものの」です。

高いお金を払ってビジネススクールに来ながら、頬づえをついていると何も吸収できない状態になるのでもったいないです。

きちんとした服を着ていると、頬づえをつく状態にはなりません。

ビジネススクールの私の授業には、ドレスコードがきちんとあります。

まず先生がきちんとした格好をして授業をします。

受講生の服装も全部直してあげます。

万が一大切な出会いがあった時に、だらしない格好をしているとチャンスを逃すからです。

きちんとした服装をすることによって学ぶ姿勢が生まれます。

子ども時代に制服をきちんと着る習慣をつけて、行動をきちんとしたのと同じです。大人になっても、きちんとした服を着ることによってその人の立ち居ふるまいが変わります。

そうすると、仕事に対する意気込みが生まれたり、恋愛のチャンスをつかめるのです。

レストランに入る時でも、お客様の服装で案内される席は変わります。

レストランではお客様もオブジェやインテリアの1つです。

オシャレでない人が入ってくると、レストランのイメージが悪くなります。

たとえば、アメリカ人は旅行をする時でも、ホテル内を短パンとスニーカーで平気で歩いています。

これはヨーロッパではありえないことです。

アメリカ人が短パンでウロウロしているからと同じ格好をする人がいます。

アメリカ人の救いは姿勢がいいことです。

我ら農耕民族が同じように短パンになると、本当に情けない格好になってしまうのです。

ここが違う
品のいい人
No.22

まずは服装を、整えよう。

No. 23

レストランで、品のない人ほど、個室に入りたがる。

レストランには、個室とホールがあります。

品のある人は、ホールを選びます。

レストランのセンターには必ず花が飾られています。

その花の横がセンターテーブルです。

センターテーブルは一番の上顧客が座れる席です。

なかなかそのＶＩＰ席には座らせてもらえません。


日本人は、個室が一番いいと勘違いしています。

個室や窓際が好きで、「個室があいてなかったらそのレストランに行かない」というのは、品のない人の発想です。

レストランでは、まわりの人のかすかな話し声、笑い声が最高のＢＧＭです。

個室に入ってしまうと、どこにいるのかまったくわからなくなります。

「まわりの人に顔を見られると困るから」と言う人がいます。
有名人ほど個室に入りません。
それは見られたいからではありません。

有名人は、オーラを出すことも消すこともできます。
オーラのない人ほど、「人にバレては困るから」と、個室にこもるのです。
そういう人は、顔を見ても誰だか結局わかりません。

センターテーブルに座っていると、きちんとした行動をするようになります。
常に、まわりの人に見られているからです。
見られないところに逃げ込んでしまうと、行動自体がだらしなくなります。

個室では、だらしない食べ方をしてしまうのです。
食べ終わったあとのテーブルが散らかっているのは、ホールよりも個室です。

品のある人ほどホールに行き、品のない人ほど個室に行くのです。

私の父親はサービス業をやっていたので、お店の人が気をきかせて個室をとってくれても「いやいや、広いほうでいいから」とホールを好みます。

サービス業の世界に生きている人はサービスする側の人なので、必然的に品がよくなっていくのです。

ここが違う 品のいい人 No.23

いつも見られている意識を持とう。

No.
24
品のいい友達を持つ。

品のいい人には、品のいい友達がいます。

ミラー効果で、品のいい人は品のいい人としか出会えません。

品のない人は品のない人と出会います。

そのグループで決まっているということです。


誰もが品のいい友達に出会うことはできます。

その品のいい友達につき合ってもらうためには、まず自分が頑張って、少しでも勉強して品よくする必要があります。

品よくしていくと、品のいい人と友達になれて、ますますその人は品がよくなるという正のスパイラルに入ります。

品がなくなると、品のない友達とつき合うようになります。

切磋琢磨《せっさたくま》して品を悪くしていくという負のスパイラルに入ります。

品のいい人も品の悪い人も、「自分は普通だ」と思っています。

「まわりの人の中では、私はまだ品のいいほう」と思っているのは、まわりが同じレベルだからです。

品をよくしていくためには、「自分はあの品のいい人と同じグループになりたい。あのグループの人たちに自分といて恥ずかしいと思われない存在にならなければいけない」と考えればいいのです。


これは恋愛が一番わかりやすいです。

「あの人とつき合いたい」思うなら、相手にふさわしい人間に自分がなる必要があります。

その時に、「そんなに美人じゃないから」「そんなにスタイルよくないから」と言う人がいます。

見た目の問題よりも品のほうをまわりの人は見ています。

特に、品のいい人であればあるほど、相手の品を重要視します。

品を落とすとよくないのは、自分と一緒にいる連れの人に恥をかかせることになる

からです。

品のいい人はそこに気を使います。

自分が嫌われるだけでなく、自分の連れの格も下げてしまうのは、まわりの人に迷惑をかけます。

それをやってしまうと、次からその人たちと同じグループに入れてもらえなくなります。

日本は、所得における格差がない世界です。

その中で、品における格差ははっきりあるのです。

ここが違う
品のいい人
No.24

品のいい人に友達になってもらえるようにしよう。

No.
25
品のいい「なじみの店員さん」がいる。

品がよくなるためには、自分の品の先生を持つ必要があります。

品の先生の1人になるのが、品のいいなじみの店員さんです。

今、海外旅行に行くと免税店でブランド品を安く買えます。

輸入代金やコストや手数料のかかる日本で買うよりは、フランスのブランドはフランス、イタリアのブランドはイタリアで買ったほうがいいと考える人がいます。

品のいい人は、現地のブランドショップではなく日本で買います。

日本になじみの店員さんがいるからです。

現地より5割増しになっても、なじみの店員さんからずっと買うという信用で、商品にまつわる品《ひん》を買うことができるのです。

高級ブランドを買う意味は、ただそのモノを持っていればいいだけではありません。

その高級ブランドが持っている品を受け取ることが一番の値打ちです。

そこから学ぶことが大切なのです。

学ぶプロセスは、モノからモノへ伝わるのではありません。

品は、モノから人へ渡り、人から人にしか学べないのです。

本国ではなく、輸入料金、手数料を払ってでも、いつも同じ店でなじみの店員さんから買うことが、モノから品を教わる一番の方法なのです。

ここが違う 品のいい人 No.25

安い店より、なじみの店員さんのいるお店で買おう。

No. 26 品がないことを指摘してくれる人はいない。

品の先生は、品のいいお手本を示してくれる人です。

自分自身が品のないことをした時に、「それ、品がないことをやっているよ」と言ってくれるのが品の先生の仕事です。

これは厳しい発言です。

恥をかかされるからです。

品がないことを指摘されるのは、なかなか受け入れられないものです。

「なんでこんなイヤなことを言うんですか」と言う人は、その先生を失うことになります。

品がないことを指摘されて、「すごいありがたいことだ。このまま一生これをやり続けるところだった」と気づけるかどうかです。

品の先生は、まさに紙一重の1ミリの指摘してくれます。

厳しく、耳が痛いことを言ってくれる品の先生を持っているかどうかで、その人の品がよくなるかならないかの分かれ目になります。


私はボールルームダンスをしています。

ボールルームダンスのレッスンに来る人は、
①ステップを学ぶ
②品を学ぶ
という2通りに分かれます。
①は、テクニックを習いに来ているのです。
②は、テクニックではなく、その人の持っている人間性です。
本来は、ボールルームダンスを通して品を学んでほしいのです。

ボールルームダンスのステップは覚えていても、ふだんの立ち居ふるまいがオシャレでない人がいます。

フロアでは優雅にダンスを踊れているのに、トイレに行く時にちょこまか歩いていたり、お昼休みにごはんを食べにつっかけでちょこちょこ歩く人がいます。

結局、ボールルームダンスは習ったけれども、それを通して品は学ばなかったということです。


イギリスはマナーの国ですが、マナー講師はいません。

イギリスの上流階級のマナー講師は、ダンスの先生です。

「お辞儀の角度が何度か」ではなく、先生がいい姿勢を教えます。

これがマナーの先生です。

たとえば、ロシアではバレエの先生です。

バレエは品位を学びに行くのです。

私は子どもの時に書道を習いに行かされました。

もちろん字も教わりましたが、正座をして書く時の姿勢も教わりました。

6年間書道を習って、文字を書く時にきちんと正座で姿勢をよくすることを教わったのはよかったです。

それは大人になって気づいたことです。

ほかにも、ミッションスクールに英語を習いに行っていました。

だからといって、英語の成績がよかったわけではありません。

中学の時に、「自分は小学校から英語をやっているから」と油断して、文法をきちんと覚えないで、あとで苦労する事態が起こるぐらいでした。
それでもよかったことは、外国人シスターの先生との接し方のマナーを覚えたことです。

習いごとをする時は、テクニックではなくマナーや品をよくする方法を教わることが大切です。

品のいい人はモテます。
たとえば、モテる男性は、20代のころに年上の女性とつき合っています。
20代で10歳年上の相手となるとけっこうな大人です。
あらゆる社会経験が上まわっています。
同じ年齢でも女性のほうが精神年齢は高いです。
なおかつ、10歳年上の相手とつき合っていると、品を教えられます。
それ以外のことは男性を立ててくれます。
品を教わるという意味において、年上の人とつき合うことの意味は大きいです。
女性も、年上の男性とつき合うことによってモテるようになります。
品を教わるからです。

年上の相手なら誰でもいいということではありません。

年上の品のないオヤジとつき合うと最低なことになります。

年上のメリットを何も生かせません。

バッグを買ってもらったり、高級レストランに連れていってもらいたいからといって、品のない、ただお金だけ持っているオヤジとつき合うと、そこで失うものはあまりにも大きいです。

「こんなものか」と思って、自分の品位が下がっていることに気づきません。

世の中には、マイナスの先生もいるのです。

ここが違う
品のいい人
No.26

厳しいことを言ってくれる「品の先生」を持とう。

No.27 お店を選ぶ時、品のいいお客様のいる店を選ぶ。

洋服を買いに行く時でも、ごはんを食べに行く時でも、お店の選び方の基準は高級店か高級店ではないかではありません。

値段が高いか安いかでもありません。

そのお店に品のいいお客様がいるかいないかを基準にします。

値段が高いお店は、品がいいお客様が多い確率が高くなります。

高いお店に行く値打ちは、そこにあります。

ファーストクラスには、品のいいお客様が乗っているのでみんなの立ち居ふるまいがいいです。

高いお店に行き、高い料金を払う意味は、そこに品のない人が入るスキ間がなくなることです。

安いお店でも、品のいい人が集まっているところはあります。

スナックがこの典型です。

スナックは、マナーがうるさいです。

私の実家はスナックです。

初めて入ったスナックがいいお店かどうかは、お店にいるお客様の品がいいかどうかでわかります。

品がいいお店は流行ります。

常連のお客様の品が悪いスナックは、必ずつぶれます。

品はお店ではなく、お客様がつくるからです。

初めて来た人が品のよくないことをしていると、お店の人ではなくまわりのお客様が注意してくれます。

お客様たちがつくる品位は重要です。


中谷塾では、マナーや品を大切にします。

品の悪いことをした人がいると、私が教える前に生徒同士で直し合います。

スナックとまったく同じ仲間で磨き合うことをしているのです。

お店を選ぶ時は、「あのお店は料理がおいしい」「TVで紹介されていた」「インテリアがいい、器がいい」ということではなく、そのお店にどれだけ品のいいお客様がいるかが大切になります。

その品は、お店のオーナーやサービスマンやご主人から生まれているものです。

これは必ず連動しています。

料理や味、値段とは連動していません。

たとえば、品のある人たちが集まる講演に行かないと、せっかくいい中身を聞いても、まわりの品のない人たちの影響を受けます。

面白いことに、席の座り方にも特徴があります。

外部講演に行き、話している側から見ると一目瞭然です。

品のある人は品のある人でかたまっています。

品のない人は品のない人同士でかたまっています。

「品のない人はこちら」という席の指定は何もありません。

知らず知らずのうちに、品のある人は品のある人同士で寄っていくのです。

お互い初対面です。

品のない人は、品のあるところは窮屈に感じて居心地が悪いのです。

ここが違う品のいい人 No.27

レストランをインテリアではなく、人で選ぼう。

品のある人は、品のないところでは居心地悪く感じます。

すべての人が居心地のいいところにいます。

「自分が居心地いいようにするんだ」という言い方は、品をよくするためには間違えています。

品のある人の居心地のいいところは、品のあるところです。

品のない人は、そもそも品に対してのセンサーが間違っています。

その人が居心地のいいところは、品のないところです。

このセンサーから変えていけばいいのです。

No. 28 まわりにアドバイスを求めても、品のレベルアップはしない。

品をよくするためには、アドバイスを求める必要があります。

たとえば、ある人に「髪の毛が今、貞子みたいになっているから、ぐっと束ねてうしろに垂らしたほうがいいよ」とアドバイスをしてあげました。

すると、「前そうやったら、なんか子どもっぽいと言われたんですよ」と言われました。

これはアドバイスを誰に求めるかの問題です。

その人は自分の友達に聞いたのです。

友達に聞いて品がよくなるわけがありません。

まわりにいる人は自分と同じレベルです。

同じレベルだから友達になっているのです。

まわりのアドバイスを聞いていると、その集団からは永遠に抜け出せません。

品には、

①品は、必ずまわりの所属集団と同じレベルになる

②その集団の品のレベルは常にダウンする

という2つの法則があります。

まわりの意見を聞いていると、品はダウンし続けるということです。

アドバイスを求める時は、ワンランク上の人に聞けばいいのです。

その時、今所属する集団からは「え、それおかしいんじゃないの」と言われます。

それがその集団から抜け出す一番のコツなのです。

ここが違う 品のいい人 No.28

まわりではなく、ワンランク上の人にアドバイスを求めよう。

No.

29

勝負服以外、持たない。

品のない人も勝負服は持っています。

よく「勝負服はこれだ」という雑誌の特集があります。

品のある人は「勝負服」という発想はありません。

それは、いつ見られても大丈夫な状態にしているからです。

品のない人は、勝負服と見られては困る服の落差が激しいです。

勝負服を着るのは10回のうち1回で、残りの9回は見られては困る服です。

真ん中はありません。

クローゼットをあふれさせているのは、見られては困る服です。

たとえばコンビニで、前から「いいな」と思っていた人に会いました。

「そんな時に限ってちゃんとした服を着ていないんですよ」と言う人がいます。

油断してコンビニに行ったり、ゴミを出しに行ったり、近所にごはんを食べに行っているということです。

油断している時に一番出会う確率が高いのは、油断している時間のほうが圧倒的に長いからです。

油断している時間が、たとえ全体のうちの1割でも、そこで出会いは起こります。

仕事においても、恋愛においても、「今この服を着ている時に好きな人と出会ってもいいか」「大切な人と出会ってもいいか」と考えて服を着ればいいのです。

出会いは一番人間を変えます。

最低限のレベルをいかに上げていくかです。


品のない人は、最高のレベルを上げようとします。

品のある人は、最低のレベルを上げられます。

この発想が違うのです。

勝負服でないモノを持っていても、チャンスをなくすだけです。

「勝負服は特にありません。すべてが勝負服ですから」という状態にしていけばいいのです。

ここが違う 品のいい人 No.29

最低限のレベルを上げよう。

No. 30 目立たせるところは、1カ所。

品のある人は、ぞろぞろモノを身につけません。

品のない人は、ぞろぞろモノを身につけます。

これが圧倒的な違いです。


品のある見せ方は、目立たせるところは1カ所で、あとは地味にします。

そうすることで、1カ所がきわ立ちます。

全体的にはシックな装いです。

逆に、キンキラで「持っているアクセサリーを全部つけてきました」「5本の指に全部指輪しました」というのは品のない状態です。

本人は気づきません。

原則として、一番目立つところはVゾーンです。

顔の下半分から胸のところまでをワンメタルにするのが、一番品のある状態です。

ネックレスをしたら、イヤリングはいりません。

イヤリングをしたら、ネックレスはいりません。


真珠のネックレスを三重巻きにし、アクセサリーをたくさんぶら下げて、まるで修行する山伏が梵天をつけて数珠を巻いているように見える人がいます。

本人が気づかないうちに麻痺しているのです。

「これもお気に入りだから、あれもお気に入りだから」と、もっとつけようとします。

「いざ勝負の日」「好きな人に会う」という時に、ぞろぞろ身につけている人が多いのです。


香水も同じです。

つけている本人はボケてくるので、どんどん香りが強くなります。

香水がきつい人は、麻痺しているのです。

あとからエレベーターに乗った人が、「○○さんが来てるね」とわかるぐらいにならないことです。

同じことはアクセサリーにも言えます。

目立たせるところを1カ所に絞るために、いかに全体をシックにまとめられるかを考えます。


これは仕事の仕方でも、ファッションに関しても、生き方についても、すべてのことに連動しています。

テクニックではなく、生き方のベースの問題なのです。

ここが違う
品のいい人
No.30

ぞろぞろつけすぎない。

No.

31

奇抜なデザインより、オーソドックスな基本のファッションを押さえている。

品のある人はオーソドックスな服を着ています。

オーソドックスが、基本です。

まず基本があって、その上にオプションがあるのです。

品のない人は、オプションから勝負しようとします。

英語の勉強の仕方も同じです。

文法から覚えようとする人は、早く学習できます。

スラングから覚えようとする人は、永遠に学習できません。

英会話教室も、品のいいところはちゃんと文法から教えます。

品のないところは会話から入ります。

結局、それは時間がかかるのです。

勉強でも仕事でも、品のいいやり方と品のないやり方とがあります。

品のいい仕事をする人は、基本をきちんと押さえています。

基本を学ぶのは、めんどくさいものです。

英会話教室で、「中学の文法から、もう一回おさらいしましょう」と言っても、なかなか集まりません。

本当はそれが一番早いのに、どうしても「楽しい会話から入ります」という流れになるのです。

結果として、勉強ではなく、商売になってしまいます。

生徒ではなく、お客様扱いです。

人間は、お客様になると品が下がります。

習いごとには、「生徒」と「お客様」という2通りの人がいます。

教えるほうも、「先生」と「商売人」の2通りの人がいます。

先生としてやっている人は、生徒を集めます。

商売としてやっている人は、お客様を集めます。

習いごとで文句を言う人は、お客様です。

「お金を払っているのだから、ちゃんと教えてください」と言うのです。

生徒には「習う」という姿勢があります。

先生に対して、１００％、２００％の信頼があるので、「それはひどい」とか「それは悲しい」とか、文句を言うことはありません。

お客様はクレームの嵐です。

教える側からお客様扱いされ、自分自身もお客様になっているのです。

私が教える時は、先生と生徒の関係でやりたいです。

時々、お客様の姿勢で来る人がクレームを言ってきます。

そういう人には、「よそへ習いに行ってください。私はお客様扱いしたくないし、商売でやっていないから」と言います。

分かれ目は、「基本をコツコツ、きっちりできるかどうか」です。

生徒として習いに行く人は品があります。

お客様として習いに行く人は品がありません。

自分が教える側になった時も、相手を「生徒」と見るか「お客様」と見るかで、品のある先生と品のない先生に分かれるのです。

正しいのは、「品のある先生」と「品のある生徒」の組合わせです。

一方で、「品のない商売人」と「品のないお客様」の組合わせが成立しています。

英語を文法から入るように、服装もオーソドックスな着方から覚えることが大切なのです。

ここが違う 品のいい人 No.31

まず、オーソドックスな着方を覚えよう。

No. 32 とめる、締める、結ぶことで、品が生まれる。

服装の中で、「とめる」「締める」「結ぶ」部分はたくさんあります。

品のある人は、「とめる」「締める」「結ぶ」という3つのことをきちんとやっています。

①ボタンをとめる

男性の服は、ボタンをとめるのが基本です。
学生服の時代から、不良はボタンをはずすところから始まりました。
品のある人は、とめるべきボタンをとめています。

②ネクタイを締める

今は「クールビズ」「ウォームビズ」「カジュアルフライデー」の流れで、ネクタイの意味が変わってきました。

ネクタイをきちんと締めている人は、品位があります。

制服をきちんと着こなすことは大切です。

③靴ひもを結ぶ

ひものない靴は、高齢者とか子どもが履くものです。

きちんとした大人が履く靴は、必ずひも靴です。

脱ぐ時にひもをほどき、履く時にひもを結び直します。

それがいつの間にか、ひも靴なのに、カンカンカンとカカトを踏んで履き、脱ぐ時もスポッと脱げるようにひもを緩めておくようになるのです。

これはそもそも、ひも靴のあり方自体が間違っています。

上がる時にひもをほどき、帰る時にひもを結ぶ間に、お店ならお店の人、家なら家の人と会話をする余裕があります。

それがひも靴のよさなのです。

デザイナーは、とめることを計算してボタンをつけています。

ここが違う
品のいい人
No.32

ボタンをとめよう。

それをとめないでいる人が、けっこういます。

カーディガンを肩がけすると、肩が前肩になって、猫背になります。

とめるべきボタンをきちんととめていると、姿勢はよくなります。

本人は、ボタンをはずすとラフでカッコいいと思っていますが、実はその服をオシャレにしていないのです。

子どもの時に、きちんとボタンをとめて、左右が互い違いにならないように着ることを教わりました。にもかかわらず、いつの間にかボタンを左右バラバラにとめるような状態が起こるのです。これは品のないことです。

ベストの一番下のボタンを1個だけはずすことがあります。

着崩しは、基本がきちんとできたあとにすることです。

基本がきちんとできていない人が着崩すのは、文法を知らない人がスラングを覚えるようなものなのです。

No.
33
品とは、自己肯定を高めることだ。

究極、品は自己肯定を高めることです。「自分がやっていることは間違っていない」「自分は将来もっと成長していける」「勉強したら自分はステップアップしていける」と考えられるのが、自己肯定です。

「自信」と「自己肯定」とは違います。

自信は、今、自分ができるかできないかの問題です。できないことに対しては自信がなくなります。

自己肯定は、今できない自分を認めながら、「自分の伸びシロはこれだけあるから、きっと将来できるようになる」と思えることです。

自己肯定が低いと、最終的には親の否定になります。

「しょせん、親がダサいんだもん」と言うのです。

親を否定するのは最低なことです。

お箸の持ち方が間違っていたら、「なんで教えてくれなかったの」と文句を言うのではなく、気づいた時に直せばいいのです。

自分のオリジンを否定することは、自己否定の究極な形です。

自己否定の中に品は生まれないのです。


品は親子の間で遺伝しません。

品は、遺伝子からではなく、習慣から生まれます。

親子の品が同じなのは、習慣が遺伝したからです。

「品をよくするためには何をやればいいですか」という質問は、間違っています。

「何をやればいいか」ではなく、「どういう習慣に変えればいいか」です。

品のある人の習慣を学ぶことで、品がよくなります。

ただし、品のある人が1回していることをマネしても、品はよくなりません。

美容整形で、「品のある顔にしてください」と注文する人がいます。

どんな名医でも、それはムリです。

美人にはできますが、品はつけられないのです。

品を身につけるのに手術はいらないということです。

ここが違う
品のいい人
No.33

親のせいにしないで、自分で学ぼう。

品は習慣でつくものです。

美容外科手術ではつかないのです。

一番残念なのは、顔だけ美人になって、品がついていない状態です。

品のない美人は最も安っぽく感じます。

それなら美人でないほうが、まだバランスがとれています。

品は、ある意味、ギャップです。

たとえば、体育会系の男子がピアノを弾けると、品を感じます。

もともと優等生がピアノを弾けても、別に何も感じません。

「なんだよ。ピアノまで弾けるのか」と反感を買うぐらいです。

美人なのに食べ終わった器の汚い人は、落差が大きいです。

美人の裏の何かを見たような気がします。

プラスの品もマイナスの品も、ギャップから生まれるのです。

No. 34

異性のためではなく、価値がわかる者同士のために、品よくする。

異性の目を意識して品をよくしようとする人は、品が悪くなります。

品をよくするためには、「わかる人にはわかる」という目を意識したほうがいいのです。

自分の先生に見られても恥ずかしくないようにすることです。

異性に対して品をよくしようとすると、その品は薄っぺらいものになります。

頑張れば頑張るほどマイナスな品になっていきます。

基準は、「品のある人に見られて恥ずかしいことをやらない」ということなのです。

ここが違う 品のいい人 No.34

品のある人の目線で、チェックしよう。

No.
35

品とは、面倒なムダを、やせガマンしてすることだ。

品をよくするのは、めんどくさいです。
それをやせガマンしてするのが、品をよくするということです。
ただし、習慣化すると、めんどくさくなくなります。
品のいい人は、朝起きた瞬間から習慣化していることだけやっています。
実際にはやせガマンなのですが、気にならないのです。
たとえば、品のある人は汗をかきません。
暑い時には汗をかくのが普通です。
これは恐るべき習慣です。
女優が汗をかかないのは、メイクを落としてはいけないからです。
ボールルームダンサーも、あんなに動いているのに汗をかきません。
現実には、汗を見せていないだけです。

汗は背中に流しています。
猫背になると、汗は前面に流れます。
胸を広げて姿勢をよくすると、汗は後ろに流れます。
私も頭の中にたくさん汗をかきます。
それを全部うしろに流しているので、「汗かいてないですね」と言われます。
汗を見せないことが、やせガマンです。
私は、子どもの時に「暑い」と言ってはいけないと教わりました。
「暑い」と言わないでいるうちに、「暑い」という感覚が消えてしまったのです。
私は夏場でもジャケットを着ています。
「よくネクタイして、ジャケットを着ていられますね」と言われます。
私の中では違和感がありません。
ジャケットを脱いでいるほうが、ヘンな感じなのです。

ここが違う
品のいい人
No.35

やせガマンしよう。

No.36 宅配便の人に、優しい。

品のある人は、家の中でも品があります。

一番わかりやすい例は、宅配便が届いた時です。

品のある人と品のない人がくっきり分かれていることに、宅配便屋さんは気づいています。


家でゴロゴロして外へ出かけない人にも宅配便は届きます。

宅配便屋さんは、いろいろなお宅を訪問しています。

マンションに30軒入っていたら、その中の品の順位を1番から30番までつけられるぐらいです。

社長さんとか好きな人とか上司が来た時は、誰でもきちんとします。

ところが、宅配便屋さんには油断します。

これは、宅配便屋さんを透明人間のように感じているからです。「そこに人がいる」という感覚がなくなって、無防備になって、素が出てしまうのです。

もう1つの理由は、人よりモノを見てしまうことです。

お中元やお歳暮が届くと、届いたモノに意識が行って、それを運んできた人に意識が飛ばなくなります。

これが怖いのです。

目の前に高級なモノ、おいしいモノ、豪華なモノを出されたら、人間はどうしてもそちらに意識が行きます。

究極は、お金です。

お金が目の前にあると、横に人がいても、人形のように意識から消えてしまうのです。

そういう人は、宅配便屋さんに対して横柄な態度をとります。

「ありがとうございます」と言うのは、モノに対してです。

ここが違う 品のいい人 No.36

モノより、人を見よう。

宅配便屋さんに言っているわけではありません。

品のいい人は、常に人を大切にします。

品のない人は、人よりモノを大切にします。

どちらを見ているかです。


品のある人は、宅配便屋さんと友達になって、宅配便屋さんを名前で呼びます。きちんと顔を見ているので、詐欺にかかりません。

品のない人は宅配便屋さんの顔を見ていないので、いつもと違う人が来てもわからなくて、送りつけ詐欺にひっかかります。

高価なモノ、好きなモノを見ると、興奮して素の自分が出ます。

ここで品のなさがバレてしまうのです。

No.37 物おじする場所に行く。

ホテルで食事をするのは気を使います。

ちゃんとした格好で行かなければならないからです。

ムリしてそういうところに行かなくてもいいのです。

だからといって、つっかけで行けるお店にばかり行っていると、いつまでたっても品のいい人にはなれません。

物おじするような場所に行くと、恥をかきます。

冷や汗びっしょりで、楽しめません。

その緊張を通して、その人の品が成長していきます。

人間は、背伸びをしなければ背が高くならないのです。

上司が部下の品をよくしたいと思ったら、背伸びをするような場所に連れて行きます。

そういうところは、値段が高いです。

「品をよくしろ。マナーをよくしろ」と言いながら、安い店にしか連れて行かない上司は、部下を品よくできないのです。

奥さんを品よくしたければ、高級なお店に連れていきます。

そうすることで、「自分は恥ずかしいことをしている」「まわりと違和感がある」「浮いてしまっている」と気づかせることができます。

これがまわりの人をよくすることにもつながるのです。

自分自身もそういうところに連れていってもらえるようになることが大切です。

「料亭は、ちょっと気が引ける」「京都の高級な店に行って、お店の人に叱られたら大変」と思っていると、「いいんじゃないの、近所のチェーン店で」ということになります。その人は、いつまでたっても品を覚えられません。

物おじする場所に行くことが、品をよくするコツなのです。

ここが違う 品のいい人 No.37

物おじするような所に行って、冷や汗をかこう。

No.
38
季節を身にまとっている。

品のない人は、ノンシーズンです。
夏でも冬でも同じ格好をしています。
今は冷暖房が整っているので、1年を通してほぼ同じ温度なのです。
食べ物も、輸入物・ハウス物・冷凍物が年中出まわっています。
産業が進めば進むほど、季節感はどんどん消えていきます。
日本には、せっかく四季があり、24の節季、72の候があるのです。
1週間ごとに変わっていく季節感を、どう感じ、身にまとうことができるかです。
品のある人は、常に季節を先取りしています。
私は表参道に住んでいます。
表参道はブティックが多い。
街を歩くと、ショーウィンドーが多い。

ショーウィンドーは、常に季節を1カ月先取りしています。

まだ暑いのに秋物、まだ寒いのに春物を売っています。

これがあることで、先行して季節感を感じられます。

季節感を感じるコツは、ショーウィンドーを見ることです。

ショーウィンドーを見るだけで、若返ります。

季節の変化を感じ、メリハリがつくからです。


品のない人はメリハリがありません。


品のある人は、写真を撮った時の服で季節が大体わかります。

品のない人は、服装を見ただけでは季節を限定できません。


「夏か、ひょっとしたら冬か」という、ありえないことが起こります。

「そんなことありません。私はちゃんと季節に合わせています」と言いますが、それは大体、遅れています。

家の中で、夏物と冬物の入れかえが遅れているからです。

「まだいける」

「まだ時々寒い日がある」

「まだ時々暑い日がある」

「まだクリーニングに出せない」

と言って、なかなか入れかえられません。

勝負は、春と秋です。

品のある人は、春を「夏の初め」と感じています。

品のない人は、春を「冬の終わり」と感じています。

スリーシーズンのカウントです。

これでクロゼットの片づけが遅れます。

入れかえなくちゃ、入れかえなくちゃと思っているうちに次の季節が来て、「季節が変わったからいいか」ということになるのです。

入れかえを先行して行うことで、品が生まれるのです。

ここが違う 品のいい人 No.38

季節を先取りしよう。

No. 39

クロゼットを、ギューギューにしない。

季節感は、家の中の片づけの問題にも連動します。

クロゼットの状態が、その人の品を生み出しています。

その人を見たら、クロゼットがどんな状態かがわかります。

クロゼットがとっちらかっている人は、大体「クロゼットが狭い」と言って怒っています。


きちんと片づけないと、要らないモノがたくさん残って、その結果、クロゼットがギューギューになります。

ハンガーがはずれても落ちないぐらいです。

服が折れ曲がって、押されて、シワになっていても、まったく気がつきません。

風通しが悪くなるから、カビも発生します。

汚れ始めても、「もうちょっと汚れたら、ついでにクリーニングに出そう」ということになります。

汚れがついたら1点でもクリーニングに出すことです。

特に男性が忘れがちなのが、ネクタイです。
ネクタイは柄があるので、汚れに気づきにくいのです。
ネクタイは、モノがはねたりしてすぐに汚れます。
早めにどんどんクリーニングに出したほうがいいのです。
汚れたネクタイは、一番品をなくします。

ここが違う
品のいい人
No.39

汚れたモノは、クリーニングに出そう。

No. 40 レストランでのグチ・悪口・ウワサ話は、ケータイ・タバコより、迷惑。

レストランのテーブルに、「ケータイはご遠慮ください」というメッセージが書かれています。

今は分煙が進んでいて、タバコを吸うところと吸わないところが分かれています。

品のある人にとっては、ケータイやタバコはまったく平気です。

一番感じが悪いのは、グチ・悪口・ウワサ話です。

席を変わりたくなるぐらいです。

「私はタバコを吸ってません」「ケータイでしゃべってません」と言いますが、**品のない人は自分がグチ・悪口・ウワサ話をしていることに気づかないのです。**

オシャレなお店でも、土曜・日曜は急激にレベルが下がります。

ふだん来ないお客様が土曜・日曜に来るからです。
高級レストランも、まったく別の客層になり、別のお店のようになります。
聞こえてくるのは、会社におけるグチ・悪口・ウワサ話です。
ストレス発散の場所になっているのです。

品のない人は、土・日にレストランに行きます。
品のある人は、グチ・悪口・ウワサ話をする人が来ないウイークデーにレストランに行って、土・日は家でごはんを食べています。

同じレストランでも、ウイークデーと週末とで、まったく別の店に変わるのです。

コーヒーショップも同じです。
コーヒーショップは、今は長居してもいい場所になっています。
サービスが変わって、第3の場所として使えるのです。
月曜日から金曜日のコーヒーショップは、みんな勉強しています。
土・日のコーヒーショップは、グチ・悪口・ウワサ話の場になっています。
グチ・悪口・ウワサ話は、ケータイやタバコ以上に問題があります。

本当は、テーブルの上に「グチ・悪口・ウワサ話はご遠慮ください」と書いておいて欲しいぐらいです。

品をよくする方法は、身のまわりのグチ・悪口・ウワサ話から離れることです。

グチ・悪口・ウワサ話は感染します。

危ないのはSNSです。

SNSは、グチ・悪口・ウワサ話のツールです。

みずからそこに入らないようにします。

ストレスの少ない人が品のある人です。

余裕があるし、幸せそうに見えます。

みけんにシワが寄っている人は、品のある人には見えません。

今、新型ウツになる人が増えています。

ウツは昔からありましたが、急激に増加しているのです。

お医者さんに聞くと、理由はSNSだそうです。

SNSを見ることで、ストレスがかかります。

常にLINEにつながって、常に返事を返さなければいけないし、常に「いいね」を言わなければなりません。

少しでも遅れると、「なんで『いいね』をくれないの」と言われます。

ネットワークの進歩によって、常につながっていることを強いられるのです。

ここが違う 品のいい人 No.40

グチ・悪口・ウワサ話から、離れよう。

No. 41 そっと置いて、そっと話す。

品のある人は、モノを「そっと」置きます。「そっと」話します。


歩くのは速いですが、そっと歩いて、バタバタしません。

ダンスの世界では、品のない人のことを「パチンコ玉」と言います。

ダンス競技会の1回戦は、パチンコ玉がぶつかるようにぶつかり合います。

ガチャガチャしているのです。

出ている組数は同じでも、2回戦、3回戦、準々決勝、準決勝と、上に進めば進むほどぶつからなくなります。

パチンコ玉の状態は、ドタドタした状態です。

品のないお店は、品のないお客様同士がぶつかります。

「あっ、そうだ、これ」と言って、急激に動くからです。

いわゆるオバサン現象です。

何か思いついたら、まわりは関係なしに、立ちどまってバックをかけます。レストランでも、「あっ、そうだ。カレーとってくるの忘れた」と言って、いきなり席から立ち上がります。

カレーをとったあとに、「あっ、福神漬をのせるの忘れた」と言って、カレーを持ったまま急激に振り返ります。

こういう危険な状態が起こるのです。

スペースの広さ、通路の広さは、まったく関係ありません。

たとえば、パリのマキシムは一流レストランで、いつもギューギューです。

でも、誰ともぶつかりません。

その狭いところを、ウエイターがスッとすり抜けていきます。

ドタドタ歩いているのが品のないお店です。

もう1つ、品のないお店の見きわめ方は、テーブルの下を見ればいいのです。

テーブルの下で足を組んでいるお客様が多い店は、品のない店です。

そういう人は、猫背になって、ひじをついて食べています。

テーブルの下を見るだけで、そのお店がどういうお店か、一目瞭然です。

外国人がオープンテラスでカッコいいのは、姿勢がいいからです。

猫背にはなっていません。

ダラッとしているのに、胸が伸びています。

バレリーナも同じです。

いい姿勢を叩き込まれているのです。

姿勢の悪い人がダラッとすると、もっとだらしなく見えます。

大切なことは、モノをそっと置くことです。


モノを渡すにしても、話しかけるにしても、いかに相手に衝撃を与えないかです。

クルマの運転でも、急ブレーキ・急発進・急方向転換、クラクションを鳴らすのは、すべて品のない運転の仕方です。

運転ではよくわかります。

自分の立ち居ふるまいで、クラクションを鳴らしていることに気づかないのです。

近くでいきなり大声で話しかけられると、びっくりします。

品のある人は、相手から離れたところで声をかけます。

ここが違う
品のいい人
No.41

衝撃を、与えない。

映画の中で初めて登場する悪役は、近くからいきなりニュッとあらわれます。
ヒーロー・ヒロインは、アップではなく離れたところから声をかけます。

品のある人は、泳ぎのうまい人と同じです。
水しぶきひとつ立てないで、スーッと泳いでいきます。
品のない人は、泳ぎのヘタな人です。
水しぶきをバッシャン、バッシャン死ぬほど立てています。
そのわりには、お尻がポコンポコンと浮き上がって、ひとつも前へ進みません。
実際に、オリンピッククラスの人の泳ぎを見ると、どんなに静かかわかるのです。

No. 42 飲み屋でケンカするのは、常連さんではない一見さん。

どんなお店でも、顔パスになって、覚えてもらって、常連さんになることは大切です。

お店でマナーの悪い人は、常連さんではありません。

スナックでも、常連さんでケンカする人はいません。

お店に迷惑がかかるからです。

品のいい人は、お店に迷惑がかかることはやりません。

時代劇で、飲み屋でケンカする場面がよく出てきます。

ヒーローは「店に迷惑がかかるから、外へ出よう」と言います。

悪役は、店の中でいきなり刀やビールビンを振りまわします。

映画の中には、「いい役」と「悪役」が出てきます。

もう1つの軸が、「品のある人」と「品のない人」です。

悪役でも、品のある悪役になることです。

意識としては、レストランで「隣に今日プロポーズするカップルがいる」とイメージします。

ここでケンカを起こしたら、プロポーズが台なしになります。

まとまる話もまとまらなくなって、この2人の運命を変えてしまいます。

ハッピーだった2人がハッピーでなくなるという事態が起こるのです。

今日まさに指輪を出そうとしているカップルがいる可能性もあります。

昔、ここでいい思い出があった老夫婦が昔をしのんでいることもありえます。

どんなハッピーなこと、どんな悲しいことがあるかわからないのです。

大切な肉親を亡くしたあとに、このお店でごはんを食べている人がいないとも限りません。

そこで大はしゃぎする人は、この人に対して迷惑です。

「私はお店でケンカなんかしません。いつもゴキゲンです」と言いますが、ゴキゲンではしゃいでいる人は、まわりのお客様の精神状態がわからない危険があります。
品のある人は、一喜一憂しないで淡々としています。
一喜一憂する人は、エネルギーの消耗量が大きいのです。
そういう人は、やがてはウツ状態になります。
みけんにシワが寄って、ストレスがたまり始めるのです。

ここが違う 品のいい人 No.42

隣にプロポーズをするカップルがいるつもりでいよう。

No. 43 食卓で、スマホを出さない。

品のいい人は、食卓でスマホを出しません。
これには2つの理由があります。

1つは、**料理をつくってくれた人に対する感謝**です。
せっかくおいしい状態で料理を出してくれたのに、スマホをずっと見続けているのは失礼です。

何かを検索していて、見終わってから食べようとしているのです。
私なら、そのお皿を下げたくなります。

もう1つは、**目の前にいる人をないがしろにしない**ためです。
相手は、せっかく一緒に楽しくごはんを食べようと思って来たのです。

そこでスマホを出すのは、目の前にいる人よりスマホのほうが楽しいということになります。

今ココを楽しむ状況になれていないのです。

これが品のない行為です。

品のある人は、「今、ココ、あなた」を大切にします。

品のない人は、「今、ココ、あなた」より、スマホの中のどこかの情報のほうが大切なのです。

ここが違う
品のいい人
No.43

目の前の人をないがしろにしない。

No.

44

オーダーの間違いに、ムッとしない。

オーダーの間違いは、よく起こります。

新人君だったり、お店が混んでいると、間違いも多くなります。

お客様の顔とかテーブル番号で覚えているわけではないのです。

人間だから、間違いがあるのは当たり前です。

間違えられた時の対応で、品のある人とない人とに分かれます。

お店が混んでいると、なかなか料理が来なくてイラッとします。

その状態で間違った料理が来ます。

思わず「ちょっとどうなっているの。これ頼んでいないんですけど」と言いたくなります。

すべての人がきつい言い方なのではありません。

そんな中でも優しく言える人がいるのです。

品のいい人は、「これは頼んでないけど、よそのじゃなかったら、別にこれで大丈夫です」と言えます。

間違ったオーダーが届くのも神様の指示です。

「食べたことがないから、一度食べてみよう」と思えばいいのです。

気を使うのは、隣の人がこちらをジロジロ見ている場合です。

隣のテーブルのものを間違って食べてはいけません。

「調べてみて間違っていなかったら、いただきます」と言えるのが、その人の余裕です。

そういう人は、お店の人からも感謝されます。

頼んでも頼んでも料理が出てこないのは、なかなか大変です。

品のいい人でも、忙しい時はイラッとします。

ゴキゲンで、すべてのことが滞りなく進んでいる時は、品位の差は分かれません。

イラッとしている時の対応で、品のあるなしが分かれるのです。

「スターウォーズ」のダースベイダーのテーマは、ダークサイドに転ぶ時の曲です。

「どないなってんのや」と怒鳴るのは、ダークサイドに転んだのです。

ダースベイダーの曲を口ずさむことで、危うくダークサイドに転ぶところだった自分に気づけます。

イラッとした時に、誰もがダークサイドに転ぶとは限りません。

「ジェダイでいよう」と思える人もいます。

ダークサイドに転ぶ人は、ダークサイドに転んだ認識がありません。

ここで、「1歩間違うと、自分はダークサイドに転ぶぞ」と考えられるかどうかです。

ダースベイダーの曲を口ずさむことで、ダークサイドに転ぶのを防げるのです。

ここが違う 品のいい人 No.44

イラっとしたら、ダースベイダーの曲を口ずさもう。

No. 45 ズボンに折目がついている。

品は、ズボンの折目に出ます。

カジュアルファッションに慣れると、ズボンの折目を気にしなくなります。

ケチャップがついている服は、クリーニングに出さないと着れないことは誰でもわかります。

ところが、あった折目が消えていても、意識には上りにくいのです。

ズボンの折目は、その人の品位が最も出るところです。

「切れるような折目がついている」という表現もあるぐらいです。

ある人が外国の企業にプレゼンに行きました。

ところが、プレゼンを始める前にボツになりました。

「ズボンの折目がついていないような人の企画は、聞く意味がない」と言われたのです。


そのぐらい外国人はズボンの折目で人物を見きわめます。

教えてくれたなら、まだいいのです。

教えられないで、プレゼンもしてボツになったら、「企画がいまいちだったかな」と考えます。

企画を頑張れば頑張るほど、徹夜をして、ズボンもクチャクチャのままで、寝起きの格好で行くことになります。

それでチャンスを逃すのです。


もう1つ危ないのは、お尻のてかりです。

ズボンの折目は、まだ自分で目視できます。

お尻が破れていたり、ケチャップがついているのもわかります。

お尻のてかりは繊維のヘタリなので、自分では見えないのです。


学生はいいのです。

学生服は、みんなお尻がてかっていました。

大人になって、人前で話したり、プレゼンしたり、デートで前を歩いた時に、お尻がてかっているのは恥ずかしいことです。

ズボンにしても、スカートにしても、座る回数が多いと、やがてどんな線維でもてかってきます。

それが寿命です。


破れたり壊れたりしないものは、捨て時がむずかしいのです。

電気製品は、壊れることで捨てられます。

壊れないものを、どこで交換するかです。

お尻のてかりは、まず、自分で気づくことです。


もう1つは、それを指摘してくれるパートナーがいることです。

奥さんなり、だんなさんなり、友達なり、「お尻がてかっているよ」と言ってくれるパートナーがいる人は品のある人になります。

お互いにそれを言い合える関係になっているのです。

ボウリングは、お客様からはうしろしか見えません。
プロのライセンスを取ると、「ズボンはオシャレに」という規約があります。
どんなに強くても、お尻がてかっていると品なく感じます。
前1割、うしろ9割で、うしろのほうが目立つのです。

ここが違う 品のいい人 No.45

お尻がてかっていることに、気づこう。

No.
46

傘の値打ちは、値段よりも、巻き方で差がつく。

傘で、品のあるなしが分かれます。

まず、ビニール傘でないことです。
一番大切なのは、傘の巻き方です。
日本人は巻き方が雑すぎます。
イギリス人は傘にこだわります。
傘はステッキの変化です。
ステッキは刀の変化です。
イギリス人にとっては、傘は刀です。
日本人も刀の大切さはわかっています。
武士が刀を雑に扱うことはありません。
「そこら辺に置いておいて」というものではないのです。

「すみません、刀の上に座ってました」ということはありえません。

イギリス人には「刀は魂」という意識があります。

イギリス人は、雨が降っても傘を差しません。

差したあとに傘を巻くのが大変だからです。

イギリスには傘の巻き屋さんという職業があります。

傘をキュンキュンに細く巻いてくれます。

イギリスは細かい雨しか降らないので、傘を広げるぐらいなら濡れて歩いたほうがいいと考えます。

モンスーン気候の日本では、傘は実用品なので、「傘をきれいに巻く」という意識がないのです。

同じ傘でも、巻き方がきれいかどうかで印象は大きく変わります。

雑に巻くと、不格好です。

細く巻くと、混雑した駅でもまわりの人に傘がぶつかりません。

品のない人は傘を振りまわして歩いています。

品のある人は、その人が占めるスペースが狭くすみます。

ここが違う
品のいい人
No.46

傘を細く巻こう。

傘の持ち方で大切なのは、まわりの人にぶつからないように持つことです。

傘をうしろに突き出して持っている人が、けっこう多いのです。

本人は見えていません。

傘をうしろにブンブン振りまわしたり、エスカレーターでうしろに傘が飛び出して持っている人もいます。

本人は無意識にやっています。

品のある人は傘を縦に持っています。

品のない人は傘を横に持ちます。

ここで差が分かれます。

傘を横に持っている人は、巻いた時も膨らんでいるのです。

No. 47 寒い時ほど、背中を丸めない。

ドアマンのいるホテルは「一流ホテル」です。

「自称一流ホテル」は、ドアマンが背中を丸めて、寒そうに外に立っています。

ここでいきなりわびしさが出ます。

本当の一流ホテルのドアマンは、背中を丸めていません。

しかも、分厚いコートではなく、普通の服を着ています。

分厚いコートを着ると、寒そうに見えるのです。

普通の格好をしていて、なおかつ寒そうにしていないのが、本当の一流ホテルのドアマンです。


エセ一流ホテルのドアマンは奇抜なユニフォームを着ています。

一流ホテルのドアマンは普通の服なので、お客様と区別がつきません。

ここが違う
品のいい人
No.47

寒そうに、しない。

モナコとロンドンは、世界の二大高級ホテル地域です。

モナコとロンドンのホテルでは、ホテル従業員がスーツを着ています。

お客様がタキシードなので、区別しているのです。

エセ一流ホテルはタキシードを着ているお客様がいないので、従業員がタキシードを着ています。

サッカーで、ゴールキーパーが違うユニフォームを着てわかりやすくしているのと同じです。

外に立つ係は、寒そうにしないようにします。

暑そう、寒そうに見せないことが、品を出すコツなのです。

No. 48

暑いときほど、きちんとネクタイを締めている。

暑い時に、扇子を全開にして、破れるぐらい思いきりあおいでいる人がいます。
あれは、まわりをなおさら暑くします。
扇子は、半分だけあけて緩やかに振るのが一番涼しい状態です。
実際に涼しいことより、まわりに涼やかに見えることのほうが大切です。
いつもお風呂上がりのような涼しげな顔をしている人が、品のある人です。
男性も女性も同じです。
品のある人は、夏でもきちんとネクタイを締めて、涼しげな顔をしているのです。

ここが違う 品のいい人 No.48

いつも、涼しげな顔をしている。

No.

49

大浴場から上がる時は、椅子と桶をそろえる。

トイレでは、便座だけではなく、便座の上のカバーも閉めたほうがいいのです。あとの人が心地よい状態をつくるということです。カバーをあけっぱなしにするのは、家での習慣です。品のある人は、家でもカバーをきちんと閉めています。風水では、トイレのカバーを閉めることで運気が上がると教えています。運気ではなく、品位がよくなるのです。

たとえば、旅館では部屋からスリッパで大浴場に行きます。履いて行ったスリッパは、置く場所をちゃんと決めて、ほかの人とやや離して置いておきます。

にもかかわらず、帰りにはなくなっているのです。

お風呂から出てきた人が、みんな気持ちよさげなスリッパを履いて帰るからです。残っているのは、ひっくり返っているか、ビチョビチョのスリッパです。せっかくお風呂上がりで気持ちいいのに、ビチョビチョのスリッパを履いて帰るのは気持ちが悪いのです。

スリッパは、外国にはない、日本独自の文化です。

会社の研修所などで、トイレにスリッパが置いてあります。

私は、研修でスリッパをそろえることを教えています。

トイレのスリッパは数があるので、そろえてもそろえても散らかります。

やや無味乾燥な仕事です。

誰かが散らかすので、自分がそろえても意味がないと思いがちです。

岡田淳さんの『竜退治の騎士になる方法』という面白い本があります。

主人公の少年が、竜退治の騎士に「どうしたら竜退治の騎士になれますか」と聞くと、「トイレのスリッパをそろえろ」と教えられます。

どういうことか、意味がわかりません。

竜退治の騎士自身が、小学校5年生の時の林間学校で、森で竜を退治している騎士に出会います。

竜退治を助けたお礼に、竜退治の騎士になる方法を教えてもらいます。

その時、「トイレのスリッパを、自分の分だけではなくて、みんなの分までそろえなさい」と言われたのです。

めんどくさいというより、スリッパを並べているところを友達に見られるのは恥ずかしいです。

「偽善者ぶって」とか「得点稼ぎ」とか「いい子ぶって」と言われます。

品よくするためには、「いい子ぶって」と言われることを恥ずかしがらないようにします。

品よくできないのは、まわりの目線が気になるからです。

みんなが品の悪いことをしていたら、仲間はずれになりたくないし、みんなからとやかく言われるのもイヤです。

それで、本来は品よくしたいのに、あえて品の悪いことをするのです。

これが中学生の心理としてあります。

それが大人になっても続いているのです。

実際にやってみると、思ったよりとやかく言われないことがわかります。

スリッパをそろえると、もちろん、まわりのみんなも気持ちよくなります。

最初は、そろえてもそろえても散らかっていいます。

だんだん散らかし方が小さくなって、最終的には散らからなくなります。

全員がスリッパをそろえるようになるからです。

1人が品よくすると、まわりの品もどんどんよくなります。

そのキッカケを自分がつくるのです。

もう1つのメリットは、林間学校での生活が楽しくなることです。

本来、林間学校が楽しいかどうかは、トイレのスリッパとはいっさい関係ないことです。

にもかかわらず、トイレのスリッパをそろえると、それまでつまらないと思っていた林間学校が面白くなり始めたのです。

それは大きな変化です。

これが品をよくすることのメリットです。

トイレのスリッパは、自分の分だけではなく、ほかの人の分までそろえます。

大浴場から上がる時は、そこの従業員のように、椅子と桶を片づけて帰ります。

品のいい人は、いつも従業員と間違えられるのです。

ここが違う 品のいい人 No.49

トイレのスリッパを他の人の分まで、そろえよう。

No. 50 掛軸を拝見する時は、座って。

掛軸のある部屋に通されることがあります。
ほとんどの人が、掛軸のあることをまったく気にしていません。
日本建築の座敷には、必ず掛軸がかかっています。
これが文化です。
掛軸は、つけかえることができる絵画です。
掛軸や床の間の生け花は、その日の趣向、テーマ、季節感で選んでいます。
その家のご主人のおもてなしに気づけることが、品のよさです。
部屋に通されて、ただ座っていたら、せっかくのおもてなしを味わえないのです。
究極の形は、茶室です。
茶室には「にじり口」という小さい入口があります。
武将に刀を持って茶室に入られると、そこで殺されてしまう可能性があります。

鎧《よろい》・刀をつけてままでは入れないようになっているのです。

にじり口は、本当に狭いです。

体がかたい人はムリじゃないかと思うぐらい、通るのが大変です。


茶室に入ると、狭いだけではなく、暗いのです。照明がないからです。

小さい障子窓がいくつかありますが、そこにはすだれがかかっていて、外の光が入らないようになっています。

外は明るいのに、中に入ったら、いきなり暗いのです。

しばらくして瞳孔が拡大しないと、中の様子は見えません。

だんだん目が慣れてくると、そこに主人が座っているのに気づきます。

「エッ、人がいたの」と、びっくりします。これが茶室のすごみです。


2畳ぐらいの茶室の中にも、ちゃんと床の間があります。

床の間は、本来、お仏壇や神棚に近いぐらいの侵しがたい空間です。

今、旅館の人が嘆いています。

床の間にキャリーバッグを置かれるのです。

今は旅行者はみんなキャリーバッグで来ます。

絵が飾られて、花が活けてある床の間に、キャリーバッグがズラズラと並んでいるのです。

置く人からすると、畳の上に置くのは申しわけないのです。

木の場所があって、置くのにちょうどいいという感覚です。

そこが神様のいる場所だと感じにくくなっているのです。


品のない人は神社に行って写真を撮ります。

品のある人は神社で写真は撮れません。

そこには神様がいるからです。さすがに神様に向かって写真は撮れないのです。

「ここは神様のいるところだから、写真を撮ってはいけない」

「お尻を向けてはいけない」

「キャリーを置いてはいけない」

と思える気持ちが、その人の品のよさを生み出します。

その場所のルールを知らなくても、なんとなく「ここは怖いところ」「ここはありがたいところ」と感じる力は大切です。

ここが違う 品のいい人 No.50

お部屋に通されたら、お軸を拝見しよう。

この話を聞いた人が、お座敷に案内されて、「いい掛軸ですね」と、立ったまま掛軸を見ました。

お座敷は座って見るところです。

立ったまま神様を見てはいけないのと同じです。

お軸を見る時は、座って、「お軸を拝見します」と声をかけて、今の季節感を味わいます。

ここで初めて、一家の主は「この人のためにお軸を考えてよかった」と思えます。

蔵の中には季節に合うお軸がたくさんあります。

その中から今日のお軸を選んで掛けているのです。

その日その日で、どんどん変えていきます。

それに気づかない人は、カスタマイズしたおもてなしをしてもらえなくなるのです。

No.

51

「ぱなし」にしないことから、品が出る。

夫婦ゲンカでよくあるのが、歯磨粉やしょうゆのキャップのあけっぱなしです。

「ちゃんと閉めてよ」「君があとで使うと思ったから、開けておいたんだよ」ということで、ケンカになるのです。

夫婦ゲンカのもとは、必ず「ぱなし」状態です。

「ぱなし」をしないところから、品が生まれます。

出したモノを片づけることは、子どもの時に一番に習うことです。

おもちゃで遊んだら、遊びっぱなし、出しっぱなしにしないで、ちゃんと片づけます。

整理整頓から、その人の品が生まれるのです。

「ぱなし」にする人は、「どうせまたあとで使うから」ということで、部屋がどんどん散らかっていきます。

キッチンのシンクに食べたあとの食器を出しっぱなしにするのは、ある意味、合理的と言えば合理的です。

次に食べる時に洗えばいいのです。

ところが、シンクに出しっぱなしにすると、食器がぶつかって割れやすくなります。

夜中に水を飲みに行った時に、ゴンと置いたコップに食器がぶつかってガラスが割れます。

きちんと洗って棚に入れておけば、割れなくてすんだのです。

モノが割れるのは不吉な出来事です。

ケガをすることもあります。

私の実家は染物屋でした。

家の中に反物がたくさんあって、反物を切るはさみもありました。

はさみを出しっぱなしにすると、踏んだ時に足を切ったり、ケガをします。

そんなに細かいことをとやかく叱る父親ではありませんでしたが、はさみの出しっぱなしに関しては厳しく叱られました。


子どもは、工作などで、はさみをよく使います。

親が使うプロのはさみを私が使っても、それに対しては怒られません。

ちゃんともとに戻しておけばいいのです。

私は今でもその習慣が続いています。


平気ではさみを出しっぱなしにする人は、けっこういます。

しかも、はさみが広げたまま置かれています。

考えられないことですが、平気な人は平気です。

私は、はさみが置かれていること自体、イヤです。

それが広げたまま置かれているのは、包丁が上向きで置かれているぐらいの怖さを感じます。


マナーとか品は、この怖さです。

包丁を投げて渡すことは、ありえません。
いきなりモノをボンと置いたら、包丁が刺さるのと同じような衝撃を相手に与えます。
危ないことに気づけることが大切なのです。

ここが違う 品のいい人 No.51

あけっぱなし、出しっぱなし、脱ぎっぱなしにしない。

No. 52 相手の挨拶を、正対して受ける。

挨拶で、その人の品位がわかります。
お辞儀の角度の問題ではありません。
挨拶を真正面で受けている人かどうかです。
胸で挨拶をし、胸で挨拶を受けることが大切です。
顔だけで挨拶を受けると、感じが悪い。
横柄な感じがします。
品のない人は、横柄です。

サービス業の家で育った子どもがやってはいけないことは、1番が「横柄」、2番が「ケチ」です。
サービス業では、お金の支払の悪い人より、横柄な人のほうが嫌われます。

横柄な人には、「お金を返すから、来ないで」と言いたくなります。

これが品のない人です。

自分が横柄なことをしていることは気づきにくいのです。

上司やお客様から呼ばれた時に、顔だけで振り向くのは感じが悪いです。

もっと感じが悪いのは、目だけ動いて顔が動かない状態です。


危ないのは、パソコンで仕事をしている時です。

顔がパソコンに向かっていると、動きが最小限になるので、どうしても目だけで動くことになりがちです。

そこで胸から動く人がいたら、それだけで感じのいい人になります。

美人かどうかより、感じがいいか悪いかの差のほうが、圧倒的に大きいのです。

ここが違う
品のいい人
No.52

胸で挨拶をしよう。

No.53
降車中のタクシーに、クラクションを鳴らさない。

片側一車線の道路を通行中に、前のタクシーがお客様をおろします。

その時にクラクションを鳴らす人がいるのです。

お客様は、あせって、ケータイ、傘、帽子を忘れます。

ダークサイドに転んだ自分のイライラのアクションで、誰かに忘れ物をさせてしまうのです。

これは品のない行為です。

品のあるお店は忘れ物が少ないのです。

品のないお店に忘れ物が多いのは、空気全体が、バタバタ、イライラ、ギスギスしているからです。

品は空気中にあります。

それは1人1人の人間が生み出しています。

1人が空気中に品の悪いウイルスをまき散らすと、その空間全体が、ギスギス、カサカサした空間になります。


品のいい人が品のいいマイナスイオンを流すと、その部屋全体が潤いのある空間になります。


お店にどんなお客様が来るかで、そのお店が流行るかどうかが決まります。

そのお客様が来ると、ガラガラだったお店がとたんに混み出すという人がいます。

お店からは「福の神」と呼ばれます。


この人が来ると、お客様が帰ったり、ケンカが起こるという人もいます。

ケンカしている人がケンカの原因ではありません。

とめに入るふりをしながら、お店全体にギスギスした空気を醸し出している人がケンカの張本人です。

これが見えないクラクションです。

「早くしろ」というクラクションで、まわりに事故が起こるのです。

ここが違う 品のいい人 No.53

「早くしろ」の
アピールをしない。

No.

54

お店の中で、コートを着ない。

品のある人は、ほこりを立てません。

ほこりは目に見えないので、自分がほこりを立てていることは気づきにくいのです。

冬場は、「わあ、おいしそう」と言いながら、食べている人の横でコートを脱ぐ人がいます。

コートの上には、ほこりがのっています。

先に食べている人の横で、ご丁寧にコートをバンバン払って畳んでいます。

おいしそうな料理に目が行って、自分がまわりにほこりを立てていることに気づかないのです。

よそのお宅を訪問する時は、玄関に入る前にコートを脱いで上がります。

これはマナーとして知っています。

いざ自分が食べ物屋さんに行った時に、これを忘れてしまいます。

食べ終わって帰る時も、置いてあるコートをその席で平気で着るのです。

隣のテーブルとの境目は人1人通れるかどうかなので、横向きになって通ります。

テーブルから出ていく時に、お尻を向けて出ていく人と、前を向いて出ていく人とに分かれます。

この差が大きいのです。

品のない人は、隣のテーブルにお尻を向けて出ていきます。

品のある人は、隣のテーブルに対して前を向いて、今自分が座っていた誰も座っていないテーブルにお尻を向けて抜けていきます。

これは習慣です。

隣の人にお尻を向けるクセがついている人は、条件反射でお尻を向けています。

今までと逆にしようとすると、最初はぎこちないです。

それを新しい習慣にすればいいだけです。

習慣は、1週間でつきます。
これが面白いところです。
1週間までは、めんどくさいです。
1週間たつと、なじんできます。
最初の1週間のめんどくささに耐えられるかどうかです。
ここが品のある人とない人の分かれ目です。

何年も大変ということではありません。
3日目ぐらいまでは、ちょっとめんどくさいです。
「こんなことなら品なんかなくていいや」と諦めそうになります。
勝負は3日目です。
なんとなく、このめんどくささが永遠に続くように思います。
品のいいことは、習慣化してしまえばラクになります。
品のないことも、1週間たつと平気になります。
たったの1週間の差にすぎません。

品は、崩れるのも、つくのも早いのです。
新幹線の通路で、品のある人は自分の前側で人とすれ違います。
品のない人は、背中側ですれ違って、お尻がボンと当たります。
いかに人のいる側に自分の前面を持っていけるかです。
人に攻撃されていると感じる人は、逃げて背中を向けます。
これは自己肯定度の高さにも関係します。
「自分はこの人に嫌われている」と思っている人は、常に背中を向けるのです。

ここが違う
品のいい人
No.54

食べている人のそばで、ほこりを立てない。

No. 55 品をよくしないと、いいサービスを受けることはできない。

「○○ホテルは五つ星と言っていたけど、サービスはたいしたことないね」と言う人は、品のない人です。

こういう発言は、本人が損をします。

ホテルは、お客様に対してのサービスを差別します。

感じのいいお客様には、いいサービスをします。

感じの悪いお客様には、もう来て欲しくないから、いじめます。

私はサービスの研修でもそういうふうに指導しています。

いいお客様に来てもらわないと、ホテル全体のイメージが悪くなるからです。

来て欲しくないお客様には来てもらってはいけないから、サービスしなくていいのです。

その余ったエネルギーを、来て欲しいお客様にもっと使います。

これがホテルの正しい指導法です。


ホテルのサービスがいまいちなのは、自分が歓迎されるお客様になれなかったからです。


歓迎されるお客様になったら、いいサービスを受けられます。

案内される部屋から決まってきます。

「もっと豪華な部屋かと思ったら、部屋は小さかったよ」というのは、お付きの人が泊まる部屋にまわされたのです。

入ってくる時の態度が横柄だった、スタッフに挨拶をきちんとしなかった、ビーサン・短パンで行ってしまったなど、いろいろなことの積み重ねで、その人の泊まる部屋、サービス、扱いが決まるのです。

チップでなんとかなるという世界ではありません。

チップを出せばいい部屋に泊まれるとか、いいサービスを受けられるという思い込みは、大きな勘違いです。

歓迎されるお客様になるか、歓迎されざるお客様になるかで、大きく分かれるのです。

レセプショニストは、一番地位の高い人がやっています。

マネジャーと同じくらい、地位が高いのです。

レセプショニストは、店に入れる人の見きわめをします。

予約などなくても、きちんとした身なりをしていたら入れてもらえます。

予約していても、身なりが悪いと、「すみません、お名前が見つかりません」と言われます。

本人は「ここの電話番はダメだな」と思っています。

本当は、名前は入っているのです。

京都では、水をまいている下足番のおじさんがお客様を見きわめています。

品があれば、「どうぞ」と言って入れてくれます。

品がなければ、「すみません、うち、一見さんはちょっと」と言われます。

京都の「一見さん」というのは、大ウソです。

あれは品を見て判断するための方便です。

初めてでも、予約がなくても、きちんとした人は入れます。

そのかわり、予約していても入れない人もいます。

常連さんでも、どんなにいいお客様の紹介でも、品のない人は「すみません、お名前がちょっと」と言われるのです。

品をよくすることで、初めていいサービスを受けられます。

お金を払ったからといって、いいサービスを受けられるわけではないのです。

ここが違う 品のいい人
No.55

「歓迎されないお客さん」になっていることに、気づこう。

No.
56
品のある人は、常連ぶらない。

品のない人ほど、常連ぶります。

初めて来たお店で裏メニューを頼んだり、メニューにないものをムリヤリつくってもらうのです。

そのお店に対して「オレは客だぞ」とアピールしたいとか、連れの女性の前でいいカッコしたいのです。

これはお寿司屋さんで「とんかつないの」と言うのと同じです。

「それなら、とんかつ屋さんに行けばいいじゃない」という話になります。

初めての店では、そのお店で一番のお勧めメニューをいただくことが、そのお店に対するリスペクトです。

誰かがメニューにないものを食べているのを見て、「僕もそれを」と言いますが、すべての人がそれを出してもらえるわけではないのです。

特に、お寿司屋さんでは、おいしい部位は1人分しかないこともあります。

それを誰に出すかは、予約の名前を見ながら決めます。

いいお客様になりたければ、予約して行くことです。

店の前からでも予約することが、お店に対するリスペクトです。

お金を払えばいいということではありません。

そこでおいしいものを食べさせてもらい、そのお店のデザインした洋服を買わせてもらうのです。

お店に対するリスペクトがないと、品は生まれません。

品位は、リスペクトから生まれるのです。

ここが違う
品のいい人
No.56

初めてのお店で、メニューにないものを頼まない。

No.
57
座るより、立つ。立つより、歩く。

パーティーで、品のある人とない人とが分かれます。

パーティーで品のない人は、座っています。

パーティーは、座る場所ではありません。

パーティーの主催者は「すみません、椅子が足りないんですよ」と言いますが、私は逆に「椅子を減らしてください」とアドバイスします。

そもそもパーティーは立っているのが基本です。

パーティーで椅子に座る人が、品のない人です。

椅子が足りないと、カバンや荷物で椅子を確保します。

これは男性でも女性でもいます。

椅子に座っている人は、「ここはシャンパンでしょう」というところで、みんなビールを飲んでいます。

座った人は、座りっぱなしで動きません。

動いたら椅子をとられてしまうからです。

同じ人と同じ集団で、ずっとしゃべっています。

これがパーティーで最もしてはいけないことです。

パーティーでは、座るより、立っています。


同じところに立っているのではなく、動いて、歩いて、空気を混ぜることが大切です。


2時間のパーティーの間、同じ人が同じ人とずっとしゃべっているのは、居酒屋にいるのと同じ状態です。

1カ所でも空気をよどませてしまうと、全体がよどんでしまいます。

常に人々が動きまわって、中が循環するためには、椅子は置かないほうがいいのです。

椅子は、お年寄りか具合が悪くなった人が座る場所です。

すべての人に椅子があって当たり前ではないのです。

クレームで「椅子が少ない」と怒っている人がよくいます。

ここが違う 品のいい人 No.57

席を探さない。

ダンスクラブに椅子を求めているようなものです。
クラブは踊りに行く場所です。
ダンスパーティーでも、「椅子がない」と怒っている人が時々います。
ダンスパーティーは踊りに行く場所です。
踊っていない人は、みんな立っています。
品のない人は、すぐ座りたがります。
足腰の弱さと姿勢の悪さがあるのです。
品のある人は、ずっと立っています。
立っているのがラクだからです。
ウェイティングバーでも、椅子がないところに立っていると品のよさを感じます。
立っていると、フットワークもよくなります。
挨拶する時も、さっと動けることが品のよさにつながるのです。

No. 58 両手は、テーブルの上に出している。

食べる時に、テーブルの下でお箸を持っていないほうの手で椅子を押さえている人がいます。

椅子を押さえないと立てないぐらい、筋力が弱く、姿勢が悪いのです。

ひじで体を支えている人もいます。

これは屋台のおでん屋さんの状態です。

ひじをついていいのは屋台だけです。

オシャレなレストランで屋台の食べ方をしているのです。

大切なのは、お箸を持っていないほうの手の状態です。

不思議なことに、両手でナイフ・フォークを持っているのに、おでん屋さんの状態の人がいます。

こういう人はうまく切れないので、大体刺して食べています。

おでん屋さんとか焼鳥屋さんでひじをついていいのは、串で食べるからです。

ただし、焼鳥屋さんは焼鳥屋さんでルールがあります。

マナーがないわけではありません。

焼鳥屋さんでは、出されたものをすぐ食べるのがマナーです。

焼鳥は、できたてが本当においしいのです。

できたてを手渡しでそのままパクッと食べるのが、一番おいしい食べ方です。

お寿司にしても、10秒たつと味は劣化します。

だから、さらしで巻いているのです。


料理を置きっぱなしにして、タバコを吸って、スマホを見て、しゃべって、ビールを飲んでいるのは、つくってもらった料理に申しわけないのです。

そういう人に限って、「いまいちだね」と言うのです。

いまいちなのは、すぐに食べていないからです。


家の中でも同じことが起こっています。

お母さんが「ごはんよ」と言っているのに、子どもは「今、ゲームの途中だから」と言って、なかなか2階からおりてきません。

それが大人になっても続いているのです。

今は、そこにスマホが登場しました。

「スマホを見終わってから」「LINEでメールを送ってから」となると、目の前においしいものを置いてもらえなくなります。

電子レンジでチンしたものを出しても同じだからです。

おいしいものは、ベストの状態で、目の前に出された瞬間に食べます。

これが焼鳥屋さんのルールです。

それに従わないと、お店の人から嫌われます。

「できれば、あの人は来なければいいな」と思われます。

つくっている側は、それだけこだわりを持っているのです。


ナポリにマルゲリータ発祥のお店『ブランディ』があります。

そのお店にTV番組の取材で行きました。

撮影のあとに、「せっかくだから、食べていってくださいよ」と言われました。

「じゃ、いただきます」と言って撮影で使った料理を食べようとすると、「それはもう冷めているから、新しいのをつくります」と言われました。

そこまでこだわってやっているのです。

一流のお店は、コーヒーやお茶が冷めたら、まだ飲んでいなくてもいれかえてくれます。

お店の人は、自分たちがベストだと思う状態で食べて欲しいのです。

お客としては、遠慮して「これで大丈夫です」と言いがちです。

これは逆に、お店に対してリスペクトのないことをしているのです。

ここが違う
品のいい人
No.58

食べる時に、片方の手が下におりない。

No.

59

服を買う時は、鏡を見る前に、着心地を身体で確かめる。

品のある人は、お店で試着をした時に、鏡をすぐには見ません。

まず、自分の体で感じます。

「この服は今、自分にとってどうなのか」と、自分の体と服を対話させるのです。

体の感じよりも見ることを優先する人は、すぐに鏡を見に行きます。

人間の意識の中で、9割は視覚の情報です。

鏡の前で試着すると、視覚が勝って、触覚はゼロになります。

見る力は、それぐらい影響力が強いのです。

鏡を見ると、着心地がわからなくなって、2サイズ大きいものを買ってしまうのです。

一流のお店の店員は、すぐに鏡の前に案内しません。

エセ一流のお店は、すぐに鏡の前に案内します。そのほうが売れるからです。

「このサイズが余っているから、これを着せちゃえ」と、余っているサイズの服をここでさばこうとするのです。

靴屋さんですら、これがあります。
靴のサイズは足で感じます。
鏡を見ても、合っているかどうかはわかりません。
靴に愛情がない店は、すぐに「鏡はこちらにあります」と案内します。
もう少し履《は》いた感覚を味わいたいのです。
私は、いつも左から靴を履きます。
残念なお店では、ここで「右も履かれますか」と聞いてきます。
不思議な質問です。
足は左右の大きさが違います。
両方履いて、立って歩いてみないと履き心地はわからないのです。
その店には、片側だけ履いて決めるお客様がいるということです。
私はエナメルの靴が好きです。

エナメルは、履いた瞬間にシワが入ります。

一流のお店では、それでもためし履きさせてくれます。

これはお店の覚悟です。

エセ一流のお店は「エナメルは折目がついてしまうので、こちらでためしてください」と、別の靴を持ってきます。

素材が変わるとサイズも変わるので、ためし履きにならないのです。

靴ですら、鏡を見てしまう人がいます。


つい服は鏡で決めてしまいます。

今はバーチャルでいろいろ試着できるところもあります。

服の着心地は、やっぱり着てみないとわからないのです。

目で選ぶか、体で選ぶかです。

品は、目ではなく、体が勝負です。

視覚ではなく、嗅覚・触覚、味覚・聴覚が大切です。

視覚以外の感覚で、自分がまわりに不快感を与えていないかどうかを感じる、より動物的なセンスが求められます。

人間は視覚を発達させたおかげで、動物的には退化しています。

男性と比べると、女性は触覚が残っています。

女性は赤ちゃんを育てます。

赤ちゃんとお母さんとは触覚の関係です。

男性は、マンモスを追いかけたり、遠くにいる獲物をしとめるために、視覚を発達させました。

それと引きかえに触覚とか嗅覚が麻痺してしまったのです。

その感覚を取り返す作業が、自分の品をよくする作業です。

味覚についても、ちゃんと味わうことで、品のある味わい方になります。


グルメ番組を見ると学ぶことができます。

食べてすぐ「おいしい」と言うのは、どこかウソを感じます。

本当の「おいしい」には、コツがあります。

売れているグルメレポーターは、まずは香りをかぎます。

目でも味わい、器も味わいます。

口に入れたあとも、全部飲み込んでから「おいしい」と言います。

すぐに「おいしい」と言うのは、味わっている時間がないのです。

飲み込む時に、のどの奥でも味わえます。

飲み込む前に「おいしい」と言うのは、本当に味わっていることにはなりません。

お店の人も、残念な気分になるのです。

品位のある人は、途中のプロセス全部を味わえます。

レストランで話に夢中になっていて、料理が届いたことに気づかない人がいます。

スマホを見ているわけではありませんが、そういう人は一緒にいてもつまらないのです。

品のある人は、料理が届く気配を気づくので、料理を置くスペースをさっとあけられます。

料理が届いた時に気づけるか気づけないかで、品のある人とない人に分かれます。

「料理来たよ」と言われないとわからないのは、触覚のセンサーが折れてしまっているのです。

ここが違う 品のいい人 No.59

目よりも、触角に敏感になろう。

No.
60

品とは、相手が目で見て、心地いい状態だ。

視覚情報だけに頼っている人は、逆に「まわりが自分をどう見ているか」という受信能力がなくなります。

自分の快・不快ではなく、自分がまわりの人から見て快か不快かに気づくことが大切です。

結婚式の披露宴では、1つのテーブルに8人ぐらい座ります。
知らない人と一緒になることもあります。
ある時、レストラン関係の人たちと一緒のテーブルになったことがあります。
ある有名なレストランのオーナーの奥様も座っていました。
私は、どうすればこのテーブルを心地よくできるかを考えました。
知らない人でも平気で話しかける気さくな人が1人いたので、その人にみんなを紹介する係をやってもらいました。

着席ビュッフェだったので、男性2人が料理をとってくる係、私ともう1人はお皿を下げる係をやりました。

役割分担しないと、8人全員が8人分の唐揚げを持ってきて、64人分の唐揚げが来てしまうのです。

レストランのオーナーの奥様の前に、飲みかけのグラスと食べかけのお皿がたくさん置いてありました。

私が下げようとすると、「大丈夫です」と遠慮されるのです。

「大丈夫」ではないのです。

このテーブルには8人が座っています。

食べていないお皿を下げたほうが、全体の環境がよくなります。

それでも彼女は「平気です」「大丈夫です」「お構いなく」と言うのです。

それは構います。

みんなの景色なのです。

旅館でも、これが起こります。

旅館の景色は、実は隣の旅館の景色です。

自分の旅館の中をいくらきれいにしても、隣の旅館のゴミ捨て場が見えると台無しです。

ブルーシートがかかっていたり、工事中だったりすると、景色が悪くなります。

まわりからの目線で不快を与えないことが、その人の品位です。

自分から見た景色がきれいなことより、相手から見た景色がきれいなことのほうが大切です。

奥様のふるまいを見て、「ここのレストランは大丈夫かな」と、少し心配になりました。

私がスナックの息子として父親から教わったのは、「よけいなモノをテーブルから全部片づける」ということです。

安いお店に入ったとしても、1切れのピザだけ大きいお皿に残し続けるのは一番ダサい状態です。

みんなが最後の遠慮の1切れを残したままにするのです。

これを小皿に移して、大きいお皿を下げてもらいます。

「これ、誰か食べる？」という状態をつくるのです。
誰も飲んでいないグラスもあります。
もはや誰のグラスかわからなくなっています。
それは下げてしまっていいのです。
「私は平気だから」ではありません。
まわりに迷惑がかかっていないかと考えることが大切なのです。

ここが違う
品のいい人
No.60

不快を与えていることに、気づこう。

No.
61
品とは、うしろに目を持つことだ。

視覚情報に頼っている人は、前だけを見て、うしろは感じていません。
たとえば、満員電車に乗っている人が、みんな品がないのではありません。
満員電車でこそ、品のある人と品のない人とに分かれるのです。
ギリギリいっぱいで乗れた時に、自分だけ乗れて、安心して立ちどまる人がいます。
あれは残念です。
うしろにまだ乗ろうとしている人がいるのです。
自分がセーフだった時が、一番危ないのです。
電車に乗ったら、奥へ入って、うしろの人のスペースをあけてあげます。
それが「うしろにも目がある」ということです。
目をどこに持つかということです。
前はどうでもいいのです。

クルマの運転でも、運転のうまい人は、前は見ないでバックミラーを見ています。
品のある人は、行動の中にもバックミラーとサイドミラーを持っています。
そうすれば、まわりに迷惑をかけなくなります。
ここで急激にとまってはいけないことがわかるのです。
満員電車で、前の人が気づいてあけてくれたから、自分が乗れたのです。
その恩返しは、前の人にではなく、次の人にします。
最後の人になる人は、品のない人です。
次の人にリレーできる人が、品のある人なのです。

ここが違う
品のいい人
No.61

電車にギリギリ乗れた時に、立ちどまらない。

No.
62

エピローグ
「椅子を倒していいですか」のひと言で旅が楽しくなる。

乗り物の椅子がよくなりました。

席の前後の空間も広くなって、快適な環境になっています。

その中でも、リクライニングを倒す時に「すみません、椅子を倒していいですか」と聞く人と黙って倒す人とに分かれます。

一見優しそうな人が、いきなりバーンと倒してくることもあります。

かと思うと、怖そうなオジサンがニュッと顔を出して、何か文句を言うのかなと思ったら、「すみません、席、倒していいですか」と言うこともあります。

突然、この人が猛烈にいい人に見える瞬間です。

自分も、うしろの人に同じように言いたくなります。

トイレのスリッパをそろえると、みんなが快適になるのと同じです。

旅行が楽しくなるかどうかは、「椅子倒していいですか」のひと言で決まります。

仕事の出張なら、行きの新幹線の中で「椅子倒していいですかか」と言えるかどうかです。

1人が品よくなることで、まわりの人たちもみんな品がよくなります。

1人の品の悪さは、まわりにどんどん伝染します。

前からゴンと椅子を倒してこられたら、ムッとします。

「それなら自分だって」と、自分もゴンと倒すのです。

先日、ある人が言っていました。

うしろの席のオバチャンがずっとしゃべっていて、うるさかったそうです。

このオバチャンに仕返しするために、オバチャンがドリンクを載せているのを見計らって椅子を倒してやったと言うのです。

品の悪い人が1人いるだけで、そういう小競り合いが起こるのです。

映画館も、昔に比べるとはるかに広くなりました。

にもかかわらず、ひじかけの取り合いが起こるのです。

ひじかけは、一見、共用に見えますが、ルールがあります。

外側のひじかけが自分用です。

全員分あります。

一番内側の人は壁ぎわなので、ひじかけは2つです。

間違って内側をとると、なくなる人が出てくるのです。

品は、狭い空間や完璧な設備がない中でもいかに快適に過ごせるかということです。

「椅子倒していいですか」は、言われた側も気持ちいいし、言った側にも余裕が生まれます。

ひと言を言うまでは、たしかにドキドキします。

いちいち「倒していいですか」と言うのも、確かにめんどくさいです。

それでも、**このひと言で、旅全体が急にエコノミーからファーストクラスに変わります。**

たったひと言で、お金を払わなくても気分がアップグレードするのです。

こんなにお得なことはありません。

その車両全体がいい空間になります。

しかも、「椅子倒していいですか」と言えたら、新幹線をおりたあとも品のいい人になり続けるのです。

最初からリクライニングシートがなければ、よくも悪くもなりません。

リクライニングシートは人間を気分よくさせるためにあるのです。

もたれることが気分がいいのではありません。

椅子を倒す時の「すみません、いいですか」のひと言で、人間性が生まれ変われるのです。

言えなかった時と言えた時とで、あとの自分の気分がまったく違うものになるのです。

自分が品よくすることで、まわりの人まで品のいい人になるのです。

ここが違う
品のいい人
No.62

品よくすることで、まわりの人をいい人にしよう。

【あさ出版】
『「いつもでもクヨクヨしたくない」とき
読む本』
『「イライラしてるな」と思ったとき読む本』
『「つらいな」と思ったとき読む本』

【きずな出版】
『ファーストクラスに乗る人の教育』
『ファーストクラスに乗る人の勉強』
『ファーストクラスに乗る人のお金』
『ファーストクラスに乗る人のノート』
『ギリギリセーーフ』

『ほめた自分がハッピーになる
「止まらなくなる、ほめ力」』**（パブラボ）**
『なぜかモテる人がしている42のこと』
（イースト・プレス　文庫ぎんが堂）
『一流の人が言わない50のこと』
（日本実業出版社）
『輝く女性に贈る　中谷彰宏の魔法の言葉』
（主婦の友社）
『「ひと言」力。』**（パブラボ）**
『一流の男　一流の風格』**（日本実業出版社）**
『「あと1年でどうにかしたい」と思ったら
読む本』**（主婦の友社）**
『変える力。』**（世界文化社）**
『なぜあの人は感情の整理がうまいのか』
（中経出版）
『人は誰でも講師になれる』
（日本経済新聞出版社）
『会社で自由に生きる法』
（日本経済新聞出版社）
『全力で、1ミリ進もう。』**（文芸社文庫）**
『だからあの人のメンタルは強い。』
（世界文化社）
『「気がきくね」と言われる人の
シンプルな法則』**（総合法令出版）**
『だからあの人に運が味方する。』
（世界文化社）
『だからあの人に運が味方する。
（講義DVD付き）』**（世界文化社）**
『なぜあの人は強いのか』**（講談社+α文庫）**
『占いを活かせる人、ムダにする人』**（講談社）**
『贅沢なキスをしよう。』**（文芸社文庫）**
『3分で幸せになる「小さな魔法」』
（マキノ出版）
『大人になってからもう一度受けたい
コミュニケーションの授業』
（アクセス・パブリッシング）
『運とチャンスは「アウェイ」にある』
（ファーストプレス）
『「出る杭」な君の活かしかた』
（明日香出版社）
『大人の教科書』**（きこ書房）**
『モテるオヤジの作法2』**（ぜんにち出版）**
『かわいげのある女』**（ぜんにち出版）**
『壁に当たるのは気モチイイ　人生もエッチも』
（サンクチュアリ出版）
『ハートフルセックス』【新書】
（KKロングセラーズ）
書画集『会う人みんな神さま』**（DHC）**
ポストカード『会う人みんな神さま』**（DHC）**

面接の達人（ダイヤモンド社）

『面接の達人　バイブル版』
『面接の達人　面接・エントリーシート
問題集』

『成功体質になる50の方法』
『運のいい人に好かれる50の方法』
『本番力を高める57の方法』
『運が開ける勉強法』
『ラスト3分に強くなる50の方法』
『答えは、自分の中にある。』
『思い出した夢は、実現する。』
『習い事で生まれ変わる42の方法』
『面白くなければカッコよくない』
『たった一言で生まれ変わる』
『なぜあの人は集中力があるのか』
『健康になる家　病気になる家』
『スピード自己実現』
『スピード開運術』
『失敗を楽しもう』
『20代自分らしく生きる45の方法』
『受験の達人2000』
『お金は使えば使うほど増える』
『大人になる前にしなければならない50のこと』
『会社で教えてくれない50のこと』
『学校で教えてくれない50のこと』
『大学時代しなければならない50のこと』
『昨日までの自分に別れを告げる』
『人生は成功するようにできている』
『あなたに起こることはすべて正しい』

【PHP研究所】

『中学時代がハッピーになる30のこと』
『頑張ってもうまくいかなかった夜に読む本』
『14歳からの人生哲学』
『受験生すぐにできる50のこと』
『高校受験すぐにできる40のこと』
『ほんのささいなことに、恋の幸せがある。』
『高校時代にしておく50のこと』
『中学時代にしておく50のこと』

【PHP文庫】

『40歳を過ぎたら「これ」を捨てよう。』
『お金持ちは、お札の向きがそろっている。』
『たった3分で愛される人になる』
『自分で考える人が成功する』
『大人の友達を作ろう。』
『大学時代しなければならない50のこと』

【三笠書房・知的生きかた文庫/王様文庫】

『読むだけで人生がうまくいく本』

【大和書房】

『結果がついてくる人の法則58』

【だいわ文庫】

『なぜか「HAPPY」な女性の習慣』
『なぜか「美人」に見える女性の習慣』
『いい女の教科書』
『いい女恋愛塾』
『やさしいだけの男と、別れよう。』
『「女を楽しませる」ことが男の最高の仕事。』
『いい女練習帳』
『男は女で修行する。』

【学研パブリッシング】

『美人力』
『魅惑力』
『冒険力』
『変身力』
『セクシーなお金術』
『セクシーな出会い術』
『セクシーな整理術』
『セクシーなマナー術』
『セクシーな時間術』
『セクシーな会話術』
『セクシーな仕事術』
『王子を押し倒す、シンデレラになろう。』
『口説きません、魔法をかけるだけ。』
『強引に、優しく。』
『品があって、セクシー。』
『キスは、女からするもの。』

【KKベストセラーズ】

『誰も教えてくれなかった大人のルール恋愛編』

【阪急コミュニケーションズ】

『いい男をつかまえる恋愛会話力』
『サクセス&ハッピーになる50の方法』

【ファーストプレス】
『「超一流」の会話術』
『「超一流」の分析力』
『「超一流」の構想術』
『「超一流」の整理術』
『「超一流」の時間術』
『「超一流」の行動術』
『「超一流」の勉強法』
『「超一流」の仕事術』

【PHP研究所】
『[図解]お金も幸せも手に入れる本』
『もう一度会いたくなる人の聞く力』
『もう一度会いたくなる人の話し方』
『【図解】仕事ができる人の時間の使い方』
『仕事の極め方』
『【図解】「できる人」のスピード整理術』
『【図解】「できる人」の時間活用ノート』

【PHP文庫】
『中谷彰宏　仕事を熱くする言葉』
『入社3年目までに勝負がつく77の法則』

【三笠書房・知的生きかた文庫 王様文庫】
『お金で苦労する人しない人』

【オータパブリケイションズ】
『せつないサービスを、
胸きゅんサービスに変える』
『ホテルのとんがりマーケティング』
『レストラン王になろう2』
『改革王になろう』
『サービス王になろう2』
『サービス刑事』

【あさ出版】
『気まずくならない雑談力』
『人を動かす伝え方』
『なぜあの人は会話がつづくのか』

【学研パブリッシング】
『ブレない人は、うまくいく。』
『かわいがられる人は、うまくいく。』
『すぐやる人は、うまくいく。』

『仕事は、最高に楽しい。』**(第三文明社)**
『20代でグンと抜き出る ワクワク仕事術66』
(経済界・経済界新書)
『会社を辞めようかなと思ったら読む本』
(主婦の友社)
『「反射力」早く失敗してうまくいく人の習慣』
(日本経済新聞出版社)
『伝説のホストに学ぶ82の成功法則』
(総合法令出版)
『富裕層ビジネス　成功の秘訣』
(ぜんにち出版)
『リーダーの条件』**(ぜんにち出版)**
『成功する人の一見、運に見える小さな工夫』
(ゴマブックス)
『転職先はわたしの会社』**(サンクチュアリ出版)**
『あと「ひとこと」の英会話』**(DHC)**
『オンリーワンになる仕事術』
(KKベストセラーズ)

恋愛論・人生論

【ダイヤモンド社】
『なぜあの人は逆境に強いのか』
『25歳までにしなければならない59のこと』
『大人のマナー』
『あなたが「あなた」を超えるとき』
『中谷彰宏金言集』
『「キレない力」を作る50の方法』
『お金は、後からついてくる。』
『中谷彰宏名言集』
『30代で出会わなければならない50人』
『20代で出会わなければならない50人』
『あせらず、止まらず、退かず。』
『「人間力」で、運が開ける。』
『明日がワクワクする50の方法』
『なぜあの人は10歳若く見えるのか』
『テンションを上げる45の方法』

中谷彰宏　主な作品一覧

ビジネス

【ダイヤモンド社】

『なぜあの人の話は楽しいのか』
『なぜあの人はすぐやるのか』
『なぜあの人の話に納得してしまうのか［新版］』
『なぜあの人は勉強が続くのか』
『なぜあの人は仕事ができるのか』
『なぜあの人は整理がうまいのか』
『なぜあの人はいつもやる気があるのか』
『なぜあのリーダーに人はついていくのか』
『なぜあの人は人前で話すのがうまいのか』
『プラス1%の企画力』
『こんな上司に叱られたい。』
『フォローの達人』
『女性に尊敬されるリーダーが、成功する。』
『就活時代しなければならない50のこと』
『お客様を育てるサービス』
『あの人の下なら、「やる気」が出る。』
『なくてはならない人になる』
『人のために何ができるか』
『キャパのある人が、成功する。』
『時間をプレゼントする人が、成功する。』
『会議をなくせば、速くなる。』
『ターニングポイントに立つ君に』
『空気を読める人が、成功する。』
『整理力を高める50の方法』
『迷いを断ち切る50の方法』
『初対面で好かれる60の話し方』
『運が開ける接客術』
『バランス力のある人が、成功する。』
『映画力のある人が、成功する。』
『逆転力を高める50の方法』
『最初の3年その他大勢から抜け出す
50の方法』
『ドタン場に強くなる50の方法』
『アイデアが止まらなくなる50の方法』
『メンタル力で逆転する50の方法』
『超高速右脳読書法』
『なぜあの人は壁を突破できるのか』
『自分力を高めるヒント』
『なぜあの人はストレスに強いのか』
『なぜあの人は仕事が速いのか』
『スピード問題解決』
『スピード危機管理』
『スピード決断術』
『スピード情報術』
『スピード顧客満足』
『一流の勉強術』
『スピード意識改革』
『お客様のファンになろう』
『成功するためにしなければならない80のこと』
『大人のスピード時間術』
『成功の方程式』
『なぜあの人は問題解決がうまいのか』
『しびれる仕事をしよう』
『「アホ」になれる人が成功する』
『しびれるサービス』
『大人のスピード説得術』
『お客様に学ぶサービス勉強法』
『大人のスピード仕事術』
『スピード人脈術』
『スピードサービス』
『スピード成功の方程式』
『スピードリーダーシップ』
『大人のスピード勉強法』
『一日に24時間もあるじゃないか』
『もう「できません」とは言わない』
『出会いにひとつのムダもない』
『お客様がお客様を連れて来る』
『お客様にしなければならない50のこと』
『30代でしなければならない50のこと』
『20代でしなければならない50のこと』
『なぜあの人の話に納得してしまうのか』
『なぜあの人は気がきくのか』
『なぜあの人は困った人とつきあえるのか』
『なぜあの人はお客さんに好かれるのか』
『なぜあの人はいつも元気なのか』
『なぜあの人は時間を創り出せるのか』
『なぜあの人は運が強いのか』
『なぜあの人にまた会いたくなるのか』
『なぜあの人はプレッシャーに強いのか』

本の感想など、どんなことでも、
あなたからのお手紙をお待ちしています。
僕は、本気で読みます。

中谷 彰宏

〒160-0011　東京都新宿区若葉1-9-16
ぱる出版気付　中谷 彰宏 行

※食品、現金、切手などの同封は、ご遠慮ください（編集部）

視覚障害その他の理由で、活字のままでこの本を利用できない人のために、営利を目的とする場合を除き、「録音図書」「点字図書」「拡大写本」等の製作をすることを認めます。その際は、著作権者、または出版社までご連絡ください。

中谷彰宏は、盲導犬育成事業に賛同し、この本の印税の一部を（財）日本盲導犬協会に寄付しています。

著者紹介

中谷 彰宏（なかたに・あきひろ）

1959年、大阪府生まれ。早稲田大学第一文学部演劇科卒業。84年、博報堂に入社。CMプランナーとして、テレビ、ラジオCMの企画、演出をする。91年、独立し、株式会社中谷彰宏事務所を設立。ビジネス書から恋愛エッセイ、小説まで、多岐にわたるジャンルで、数多くのロングセラー、ベストセラーを送り出す。「中谷塾」を主宰し、全国で講演・ワークショップ活動を行っている。【公式サイト】http://www.an-web.com/

品《ひん》のある人《ひと》、品《ひん》のない人《ひと》
紙一重《かみひとえ》だけど決定的《けっていてき》に違《ちが》う些細《ささい》なこと

2014年10月24日　初版発行
2014年12月1日　3刷発行

著者　中谷彰宏
発行者　常塚嘉明
発行所　株式会社 ぱる出版

〒160-0011　東京都新宿区若葉1-9-16
03(3353)2835—代表　03(3353)2826—FAX
03(3353)3679—編集
振替　東京 00100-3-131586
印刷・製本　中央精版印刷(株)

ISBN978-4-8272-0888-7 C0095